Heinrich Heine

Elementargeister

Heinrich Heine: Elementargeister

Entstanden 1834/1837. Französischer Teildruck in: De l'Allemagne. Paris 1835; deutscher Erstdruck in: Der Salon, Bd. 3, Hamburg (Hoffmann und Campe) 1837.

Neuausgabe mit einer Biographie des Autors
Herausgegeben von Karl-Maria Guth
Berlin 2017

Der Text dieser Ausgabe folgt:
Heinrich Heine: Werke und Briefe in zehn Bänden. Herausgegeben von Hans Kaufmann, 2. Auflage, Berlin und Weimar: Aufbau, 1972.

Die Paginierung obiger Ausgabe wird hier als Marginalie zeilengenau mitgeführt.

Umschlaggestaltung von Thomas Schultz-Overhage unter Verwendung des Bildes: Codex Manesse, Der Tannhäuser, um 1340

Gesetzt aus der Minion Pro, 11 pt

Verlag: Henricus - Edition Deutsche Klassik GmbH
Mörchinger Str. 33, 14169 Berlin, info@henricus-verlag.de
Druck: Libri Plureos GmbH, Friedensallee 273, 22763 Hamburg

Die Ausgaben der Sammlung Hofenberg basieren auf zuverlässigen Textgrundlagen. Die Seitenkonkordanz zu anerkannten Studienausgaben machen Hofenbergtexte auch in wissenschaftlichem Zusammenhang zitierfähig.

ISBN 978-3-7437-0705-4

Bibliografische Information der Deutschen Nationalbibliothek

Die Deutsche Nationalbibliothek verzeichnet diese Publikation in der Deutschen Nationalbibliografie; detaillierte bibliografische Daten sind im Internet über www.dnb.de abrufbar.

– – – Wie man behauptet, gibt es greise Menschen in Westfalen, die noch immer wissen, wo die alten Götterbilder verborgen liegen; auf ihrem Sterbebette sagen sie es dem jüngsten Enkel, und der trägt dann das teure Geheimnis in dem verschwiegenen Sachsenherzen. In Westfalen, dem ehemaligen Sachsen, ist nicht alles tot, was begraben ist. Wenn man dort durch die alten Eichenhaine wandelt, hört man noch die Stimmen der Vorzeit, da hört man noch den Nachhall jener tiefsinnigen Zaubersprüche, worin mehr Lebensfülle quillt als in der ganzen Literatur der Mark Brandenburg. Eine geheimnisvolle Ehrfurcht durchschauerte meine Seele, als ich einst, diese Waldungen durchwandernd, bei der uralten Siegburg vorbeikam. »Hier«, sagte mein Wegweiser, »hier wohnte einst König Wittekind«, und er seufzte tief. Es war ein schlichter Holzhauer, und er trug ein großes Beil.

Ich bin überzeugt, dieser Mann, wenn es drauf ankömmt, schlägt sich noch heute für König Wittekind; und wehe dem Schädel, worauf sein Beil fällt!

Das war ein schwarzer Tag für Sachsenland, als Wittekind, sein tapferer Herzog, von Kaiser Karl geschlagen wurde, bei Engter. »Als er flüchtend gen Ellerbruch zog und nun alles, mit Weib und Kind, an den Furt kam und sich drängte, mochte eine alte Frau nicht weitergehen. Weil sie aber dem Feinde nicht lebendig in die Hände fallen sollte, so wurde sie von den Sachsen lebendig in einen Sandhügel bei Bellmanns-Kamp begraben; dabei sprachen sie: ›Krup under, krup under, de Welt is di gram, du kannst dem Gerappel nich mer folgen.‹«

Man sagt, daß die alte Frau noch lebt. Nicht alles ist tot in Westfalen, was begraben ist.

Die Gebrüder Grimm erzählen diese Geschichte in ihren »Deutschen Sagen«; die gewissenhaften, fleißigen Nachforschungen dieser wackeren Gelehrten werde ich in den folgenden Blättern zuweilen benutzen. Unschätzbar ist das Verdienst dieser Männer um germanische Altertumskunde. Der einzige Jakob Grimm hat für Sprachwissenschaft mehr geleistet als eure ganze Französische Akademie seit Richelieu. Seine »Deutsche Grammatik« ist ein kolossales Werk, ein gotischer Dom, worin alle germanischen Völker ihre Stimmen erheben, wie Riesenchöre, jedes in seinem Dialekte. Jakob Grimm hat vielleicht dem Teufel seine Seele verschrieben, damit er ihm die Materialien lieferte und ihm als Handlanger diente bei diesem ungeheuren Sprachbauwerk. In der Tat, um diese Quadern von Gelehrsamkeit herbeizuschleppen, um aus diesen hunderttausend Zitaten einen Mörtel zu stampfen, dazu gehört mehr als ein Menschenleben und mehr als Menschengeduld.

Eine Hauptquelle für Erforschung des altgermanischen Volksglaubens ist Paracelsus. Ich habe seiner schon mehrmals erwähnt. Seine Werke sind ins Lateinische übersetzt, nicht schlecht, aber lückenhaft. In der deutschen Urschrift ist er schwer zu lesen; abstruser Stil, aber hie und da treten die großen Gedanken hervor mit großem Wort. Er ist ein Naturphilosoph in der heutigsten Bedeutung des Ausdrucks. Man muß seine Terminologie nicht immer in ihrem traditionellen Sinne verstehen. In seiner Lehre von den Elementargeistern gebraucht er die Namen Nymphen, Undinen, Silvanen, Salamander, aber nur deshalb, weil diese Namen dem Publikum schon geläufig sind, nicht weil sie ganz dasjenige bezeichnen, wovon er reden will. Anstatt neue Worte willkürlich zu schaffen, hat er es vorgezogen, für seine Ideen alte Ausdrücke zu suchen, die bisher etwas Ähnliches bezeichneten. Daher ist er vielfach mißverstanden worden, und manche haben ihn der Spötterei, manche sogar des Unglaubens bezüchtigt. Die einen meinten, er beabsichtige, alte Kindermärchen aus Scherz in ein System zu bringen, die anderen tadelten, daß er, abweichend von der christlichen Ansicht, jene Elementargeister nicht für lauter Teufel erklären wollte. »Wir haben keine Gründe, anzunehmen«, sagt er irgendwo, »daß diese Wesen dem Teufel gehören; und was der Teufel selbst ist, das wissen wir auch noch nicht.« Er behauptet, die Elementargeister wären, ebensogut wie wir, wirkliche Geschöpfe Gottes, die aber nicht wie unseresgleichen aus Adams Geschlechte seien und denen Gott zum Wohnsitz die vier Elemente angewiesen habe. Ihre Leibesorganisation sei diesen Elementen gemäß. Nach den vier Elementen ordnet nun Paracelsus die verschiedenen Geister, und hier gibt er uns ein bestimmtes System.

Den Volksglauben selbst in ein System bringen, wie manche beabsichtigen, ist aber ebenso untunlich, als wollte man die vorüberziehenden Wolken in Rahmen fassen. Höchstens kann man unter bestimmten

312

Rubriken das Ähnliche zusammentragen. Dieses wollen wir auch in betreff der Elementargeister versuchen.

Von den Kobolden haben wir bereits gesprochen. Sie sind Gespenster, ein Gemisch von verstorbenen Menschen und Teufeln; man muß sie von den eigentlichen Erdgeistern genau unterscheiden. Diese wohnen meistens in den Bergen, und man nennt sie Wichtelmänner, Gnomen, Metallarii, kleines Volk, Zwerge. Die Sage von diesen Zwergen ist analog mit der Sage von den Riesen, und sie deutet auf die Anwesenheit zweier verschiedener Stämme, die einst mehr oder minder friedlich das Land bewohnt, aber seitdem verschollen sind. Die Riesen sind auf immer verschwunden aus Deutschland. Die Zwerge aber trifft man mitunter noch in den Bergschachten, wo sie, gekleidet wie kleine Bergleute, die kostbaren Metalle und Edelsteine ausgraben. Von jeher haben die Zwerge immer vollauf Gold, Silber und Diamanten besessen; denn sie konnten überall unsichtbar herumkriechen, und kein Loch war ihnen zu klein, um durchzuschlüpfen, führte es nur endlich zu den Stollen des Reichtums. Die Riesen aber blieben immer arm, und wenn man ihnen etwas geborgt hätte, würden sie Riesenschulden hinterlassen haben. Von der Kunstfertigkeit der Zwerge ist in den alten Liedern viel rühmlich die Rede. Sie schmiedeten die besten Schwerter, aber nur die Riesen wußten mit diesen Schwertern dreinzuschlagen. Waren diese Riesen wirklich von so hoher Statur? Die Furcht hat vielleicht ihrem Maße manche Elle hinzugefügt. Dergleichen hat sich oft schon ereignet. Nicetas, ein Byzantiner, der die Einnahme von Konstantinopel durch die Kreuzfahrer berichtet, gesteht ganz ernsthaft, daß einer dieser eisernen Ritter des Nordens, der alles vor sich her zu Paaren trieb, ihnen, in diesem schrecklichen Augenblick, fünfzig Fuß groß zu sein schien.

Die Wohnungen der Zwerge waren, wie schon erwähnt, die Berge. Die kleinen Öffnungen, die man in den Felsen findet, nennt das Volk noch heutzutag Zwerglöcher. Im Harz, namentlich im Bodentale, habe ich dergleichen viele gesehen. Manche Tropfsteinbildungen, die man in den Gebirgshöhlen trifft, sowie auch manche bizarre Felsenspitzen nennt das Volk die Zwergenhochzeit. Es sind Zwerge, die ein böser Zauberer in Steine verwandelt, als sie eben von einer Trauung aus ihrem kleinen Kirchlein nach Hause trippelten oder auch beim Hochzeitmahl sich gütlich taten. Die Sagen von solchen Versteinerungen sind im Norden ebenso heimisch wie im Morgenlande, wo der borniete Moslem die Statuen und Karyatiden, die er in den Ruinen alter Griechentempel findet, für lauter versteinerte Menschen hält. Wie im Harze, so auch in der Bretagne sah ich allerlei wundersam gruppierte Steine, die von den Bauern Zwergenhochzeiten genannt wurden; die Steine bei Loc Maria Ker sind die Häuser der Torriganen, der Kurilen, wie man dort das kleine Volk benamset.

Die Zwerge tragen kleine Mützchen, wodurch sie sich unsichtbar machen können; man nennt sie Tarnkappen oder auch Nebelkäppchen. Ein Bauer hatte einst, beim Dreschen, mit dem Dreschflegel die Tarnkappe eines Zwerges herabgeschlagen; dieser wurde sichtbar und schlüpfte schnell in eine Erdspalte. Die Zwerge zeigten sich auch manchmal freiwillig den Menschen, hatten gern mit uns Umgang und waren zufrieden genug, wenn wir ihnen nur kein Leids zufügten. Wir aber, boshaft wie wir noch sind, wir spielten ihnen manchen Schabernack. In Wyß' Volkssagen liest man folgende Geschichte: 314

»Des Sommers kam die Schar der Zwerge häufig aus den Flühen herab ins Tal und gesellte sich entweder hülfreich oder doch zuschauend zu den arbeitenden Menschen, namentlich zu den Mähdern in der Heuernte. Da setzten sie sich denn wohl vergnügt auf den langen und dicken Ast eines Ahorns ins schattige Laub. Einmal aber kamen boshafte Leute und sägten bei Nacht den Ast durch, so daß er bloß noch schwach am Stamme hielt, und als die arglosen Geschöpfe sich am Morgen darauf niederließen, krachte der Ast vollends entzwei, die Zwerge stürzten auf den Grund, wurden ausgelacht, erzürnten sich heftig und jammerten:

›O wie ist der Himmel so hoch
Und die Untreu' so groß!
Heut hierher und nimmermehr!‹«

Sie sollen seit der Zeit das Land verlassen haben. Es gibt indessen noch zwei andere Traditionen, die ebenfalls den Abzug der Zwerge unserer Necksucht und Bosheit zuschreiben. Die eine wird in den erwähnten Volkssagen folgendermaßen erzählt:

»Die Zwerge, welche in Höhlen und Klüften rings um die Menschen herum wohnten, waren gegen diese immer freundlich und gut gesinnt, und des Nachts, wenn die Menschen schliefen, verrichteten sie deren schwere Arbeit. Wenn dann das Landvolk frühmorgens mit Wagen und Geräte herbeizog und erstaunte, daß alles getan war, steckten die Zwerge im Gesträuch und lachten hell auf. Oftmals zürnten die Bauern, wenn sie ihr noch nicht ganz zeitiges Getreide auf dem Acker niedergeschnitten fanden, aber als bald Hagel und Gewitter hereinbrach und sie wohl sahen, daß vielleicht kein Hälmchen dem Verderben entronnen sein würde, da dankten sie innig dem voraussichtigen Zwergvolk. Endlich aber verscherzten die Menschen durch ihren Frevel die Huld und Gunst der Zwerge, sie entflohen, und seitdem hat sie kein Auge wieder erblickt. Die Ursache war diese. Ein Hirt hatte oben am Berg einen trefflichen Kirschbaum stehen. Als die Früchte eines Sommers reiften, begab es sich, daß dreimal hintereinander nachts der Baum geleert wurde und alles Obst auf die Bänke und Hürden getragen war, wo der Hirt sonst die Kirschen aufzubewahren pflegte. Die Leute im Dorfe sprachen: ›Das tut niemand anders als die redlichen Zwerge, die kommen bei Nacht in langen Mänteln mit bedeckten Füßen herangetrippelt, leise wie Vögel, und schaffen den Menschen emsig ihr Tagwerk; schon einmal hat man sie heimlich belauscht, allein man stört sie nicht, sondern läßt sie kommen und gehn.‹ Durch diese Rede wurde der Hirt neugierig und hätte gern gewußt, warum die Zwerge so sorgfältig ihre Füße bärgen und ob diese anders gestaltet wären als Menschenfüße. Da nun das nächste Jahr wieder der Sommer und die Zeit kam, daß die Zwerge heimlich die Kirschen abbrachen und in den Speicher trugen, nahm der Hirt einen Sack voll Asche und streute sie rings um den Berg herum aus. Den anderen Morgen mit Tagesanbruch eilte er zur Stelle hin, der Baum war richtig leer gepflückt, und er sah unten in der Asche die Spuren von vielen Gänsefüßen eingedrückt. Da lachte der Hirt und spottete, daß der Zwerge Geheimnis verraten war. Bald aber zerbrachen und verwüsteten diese ihre Wohnungen und flohen tiefer in den Berg hinab, grollen dem Menschengeschlecht und versagen ihm ihre Hülfe. Jener Hirt, der sie verraten hatte, wurde siech und blödsinnig bis an sein Lebensende.«

Die andere Tradition, die in Otmars Volkssagen mitgeteilt wird, ist von viel betrübsam härterem Charakter:

»Zwischen Walkenried und Neuhof in der Grafschaft Hohenstein hatten einst die Zwerge zwei Königreiche. Ein Bewohner jener Gegend merkte einmal, daß seine Feldfrüchte alle Nächte beraubt wurden, ohne daß er den Täter entdecken konnte. Endlich ging er auf den Rat einer weisen Frau bei einbrechender Nacht an seinem Erbsenfelde auf und ab und schlug mit einem dünnen Stabe über dasselbe in die bloße Luft hinein. Es dauerte nicht lange, so standen einige Zwerge leibhaftig vor 316 ihm. Er hatte ihnen die unsichtbar machenden Nebelkappen abgeschlagen. Zitternd fielen die Zwerge vor ihm nieder und bekannten, daß ihr Volk es sei, welches die Felder der Landesbewohner beraubte, wozu aber die äußerste Not sie zwänge. Die Nachricht von den eingefangenen Zwergen brachte die ganze Gegend in Bewegung. Das Zwergvolk sandte endlich Abgeordnete und bot Lösung für sich und die gefangenen Brüder und wollte dann auf immer das Land verlassen. Doch die Art des Abzugs erregte neuen Streit. Die Landeseinwohner wollten die Zwerge nicht mit ihren gesammelten und versteckten Schätzen abziehen lassen, und das Zwergvolk wollte bei seinem Abzuge nicht gesehen sein. Endlich kam man dahin überein, daß die Zwerge über eine schmale Brücke bei Neuhof ziehen und daß jeder von ihnen in ein dorthin gestelltes Gefäß einen bestimmten Teil seines Vermögens, als Abzugszoll, werfen sollte, ohne daß einer der Landesbewohner zugegen wäre. Dies geschah. Doch einige Neugierige hatten sich unter die Brücke versteckt, um den Zug der Zwerge wenigstens zu hören. Und so hörten sie denn viele Stunden lang das Gerappel der kleinen Menschen; es war ihnen, als ob eine sehr große Herde Schafe über die Brücke ging.«

Nach einer Variante sollte jeder abziehende Zwerg nur ein einziges Geldstück in das Faß werfen, welches man vor der Brücke hingestellt; und den anderen Morgen fand man das Faß ganz gefüllt mit alten Goldmünzen. Auch soll vorher der Zwergenkönig selber, in seinem roten Mäntelchen, zu den Landeseinwohnern gekommen sein, um sie zu bitten, ihn und sein Volk nicht fortzujagen. Flehentlich erhob er seine Ärmchen gen Himmel und weinte die rührendsten Tränen, wie einst Don Isaak Abarbanel vor Ferdinand von Aragonien.

Von den Zwergen, den Erdgeistern, sind genau zu unterscheiden die Elfen, die Luftgeister, die auch in Frankreich mehr bekannt sind und die besonders in englischen Gedichten so anmutig gefeiert werden. Wenn die Elfen nicht ihrer Natur nach unsterblich wären, so würden 317 sie es schon allein durch Shakespeare geworden sein. Sie leben ewig im Sommernachtstraum der Poesie.

Der Glaube an Elfen ist nach meinem Bedünken viel mehr keltischen als skandinavischen Ursprungs. Daher mehr Elfensagen im westlichen Norden als im östlichen. In Deutschland weiß man wenig von Elfen, und alles ist da nur matter Nachklang von bretanischen Sagen, wie z.B. Wielands »Oberon«. Was das Volk in Deutschland Elfen oder Elben nennt, sind die unheimlichen Geburten der Hexen, die mit dem Bösen gebuhlt. Die eigentlichen Elfensagen sind heimisch in Irland und Nordfrankreich; indem sie von hier hinabklingen bis zur Provence, vermischen sie sich mit dem Feenglauben des Morgenlands. Aus solcher Vermischung erblühen nun die vortrefflichen Lais vom Grafen Lanval, dem die schöne Fee ihre Gunst schenkt unter dem Beding, daß er sein Glück verschweige. Als aber König Artus, bei einem Festgelage zu Karduel, seine Königin Genevra für die schönste Frau der Welt erklärte, da konnte Graf Lanval nicht länger schweigen; er sprach, und sein Glück war, wenigstens auf Erden, zu Ende. Nicht viel besser ergeht es dem Ritter Grüelan; auch er kann sein Liebesglück nicht verschweigen, die geliebte Fee verschwindet, und auf seinem Roß Gedefer reitet er lange vergebens, um sie zu suchen. Aber in dem Feenland Avalun finden die unglücklichen Ritter ihre Geliebten wieder. Hier können Graf Lanval und Herr Grüelan soviel schwatzen, als nur ihr Herz gelüstet. Hier kann auch Ogier der Däne von seinen Heldenfahrten ausruhen in den Armen seiner Morgane. Ihr Franzosen kennt sie alle, diese Geschichten. Ihr kennt Avalun, aber der Perser kennt es auch, und er nennt es Ginnistan. Es ist das Land der Poesie.

Das Äußere der Elfen und ihr Weben und Treiben ist euch ebenfalls ziemlich bekannt. Spensers »Elfenkönigin« ist längst zu euch herübergeflogen aus England. Wer kennt nicht Titania? Wessen Hirn ist so dick, daß es nicht manchmal das heitre Geklinge ihres Luftzugs vernimmt? Ist es aber wahr, daß es ein Vorzeichen des Todes, wenn man diese Elfenkönigin mit leiblichen Augen erblickt und gar einen freundlichen Gruß von ihr empfängt? Ich möchte dieses gern genau wissen, denn:

In dem Wald, im Mondenscheine,
Sah ich jüngst die Elfen reuten;
Ihre Hörner hört ich klingen,
Ihre Glöckchen hört ich läuten.

Ihre weißen Rößlein trugen
Güldnes Hirschgeweih und flogen
Rasch dahin, wie Schwanenzüge
Kam es durch die Luft gezogen.

Lächelnd nickte mir die Kön'gin,
Lächelnd im Vorüberreuten.
Galt das meiner neuen Liebe,
Oder soll es Tod bedeuten?

In den dänischen Volksliedern gibt es zwei Elfensagen, die den Charakter dieser Luftgeister am treuesten zur Anschauung bringen. Das eine Lied erzählt von dem Traumgesichte eines jungen Fants, der sich auf Elvershöh niedergelegt hatte und allmählich eingeschlummert war. Er träumt, er stände auf seinem Schwerte gestützt, während die Elfen im Kreise um ihn her tanzen und durch Liebkosen und Versprechung ihn verlocken wollen, an ihrem Reigen teilzunehmen. Eine von den Elfen kömmt an ihn heran und streichelt ihm die Wange und flüstert: »Tanze mit uns, schöner Knabe, und das Süßeste, was nur immer dein Herz gelüstet, wollen wir dir singen.« Und da beginnt auch ein Gesang von so bezwingender Liebeslust, daß der reißende Strom, dessen Wasser sonst wildbrausend dahinfließt, plötzlich stillsteht und in der ruhigen Flut die Fischlein hervortauchen und vergnügt mit ihren Schwänzlein spielen. Eine andere Elfe flüstert: »Tanze mit uns, schöner Knabe, und wir wollen dir Runensprüche lehren, womit du den Bär und den wilden 319 Eber besiegen kannst sowie auch den Drachen, der das Gold hütet; sein Gold soll dir anheimfallen.« Der junge Fant widersteht jedoch allen diesen Lockungen, und die erzürnten Jungfrauen drohen endlich, ihm den kalten Tod ins Herz zu bohren. Schon zücken sie ihre scharfen Messer, da, zum Glücke, kräht der Hahn, und der Träumer erwacht mit heiler Haut.

Das andere Gedicht ist minder luftig gehalten, die Erscheinung der Elfen findet nicht im Traume, sondern in der Wirklichkeit statt, und ihr schauerlich anmutiges Wesen tritt uns desto schärfer entgegen. Es ist das Lied von dem Herrn Oluf, der abends spät ausreutet, um seine Hochzeitgäste zu entbieten. Der Refrain ist immer: »Aber das Tanzen geht so schnell durch den Wald.« Man glaubt unheimlich lüsterne

Melodien zu hören und zwischendrein ein Kichern und Wispern wie von mutwilligen Mädchen. Herr Oluf sieht endlich, wie vier, fünf, ja noch mehre Jungfrauen hervortanzen und Erlkönigs Tochter die Hand nach ihm ausstreckt. Sie bittet ihn zärtlichst, in den Kreis einzutreten und mit ihr zu tanzen. Der Ritter aber will nicht tanzen und sagt zu seiner Entschuldigung: »Morgen ist mein Hochzeitstag.« Da werden ihm nun gar verführerische Geschenke angeboten; jedoch weder die Widderhautsstiefel, die so gut am Beine sitzen würden, noch die güldenen Sporen, die man so hübsch daranschnallen kann, noch das weißseidne Hemd, das die Elfenkönigin selber mit Mondschein gebleicht hat, nicht mal die silberne Schärpe, die man ihm ebenfalls so kostbar anrühmt, nichts kann ihn bestimmen, in den Elfenreigen einzutreten und mitzutanzen. Seine beständige Entschuldigung ist: »Morgen ist mein Hochzeitstag.« Da freilich verlieren die Elfen endlich die Geduld, sie geben ihm einen Schlag aufs Herz, wie er ihn noch nie empfunden, und heben den zu Boden gesunkenen Ritter wieder auf sein Roß und sagen spöttisch: »So reite denn heim zu deiner Braut.« Ach! als er auf seine Burg zurückkehrte, da waren seine Wangen sehr blaß und sein Leib sehr krank, und als am Morgen früh die Braut ankam mit der Hochzeitschar, mit Sang und Klang, da war Herr Oluf ein stiller Mann; denn er lag tot unter dem roten Bahrtuch.

»Aber das Tanzen geht hin so schnell durch den Wald.«
Der Tanz ist charakteristisch bei den Luftgeistern; sie sind zu ätherischer Natur, als daß sie prosaisch gewöhnlichen Ganges, wie wir, über diese Erde wandeln sollten. Indessen, so zart sie auch sind, so lassen doch ihre Füßchen einige Spuren zurück auf den Rasenplätzen, wo sie ihre nächtlichen Reigen gehalten. Es sind eingedrückte Kreise, denen das Volk den Namen Elfenringe gegeben.

In einem Teile Östreichs gibt es eine Sage, die mit den vorhergehenden eine gewisse Ähnlichkeit bietet, obgleich sie ursprünglich slawisch ist. Es ist die Sage von den gespenstischen Tänzerinnen, die dort unter dem Namen »die Willis« bekannt sind. Die Willis sind Bräute, die vor der Hochzeit gestorben sind. Die armen jungen Geschöpfe können nicht im Grabe ruhig liegen, in ihren toten Herzen, in ihren toten Füßen blieb noch jene Tanzlust, die sie im Leben nicht befriedigen konnten, und um Mitternacht steigen sie hervor, versammeln sich truppenweis an den Heerstraßen, und wehe dem jungen Menschen, der ihnen da begegnet! Er muß mit ihnen tanzen, sie umschlingen ihn mit ungezügelter Tobsucht, und er tanzt mit ihnen, ohne Ruh und Rast, bis er tot niederfällt. Geschmückt mit ihren Hochzeitkleidern, Blumenkronen und flatternde Bänder auf den Häuptern, funkelnde Ringe an den Fingern, tanzen die Willis im Mondglanz, ebenso wie die Elfen. Ihr Antlitz, obgleich schneeweiß, ist jugendlich schön, sie lachen so schauerlich heiter, so frevelhaft liebenswürdig, sie nicken so geheimnisvoll lüstern, so verheißend; diese toten Bacchantinnen sind unwiderstehlich.

Das Volk, wenn es blühende Bräute sterben sah, konnte sich nie überreden, daß Jugend und Schönheit so jähling gänzlich der schwarzen Vernichtung anheimfallen, und leicht entstand der Glaube, daß die Braut noch nach dem Tode die entbehrten Freuden sucht.

Dieses erinnert uns an eins der schönsten Gedichte Goethes, die »Braut von Korinth«, womit das französische Publikum, durch Frau von Staël, schon längst Bekanntschaft gemacht hat. Das Thema dieses Gedichtes ist uralt und verliert sich hoch hinauf in die Schauernisse der thessalischen Märchen. Älian erzählt davon, und Ähnliches berichtet Philostratus im Leben des Apollonius von Tyane. Es ist die fatale Hochzeitgeschichte, wo die Braut eine Lamia ist.

Es ist den Volkssagen eigentümlich, daß ihre furchtbarsten Katastrophen gewöhnlich bei Hochzeitfesten ausbrechen. Das plötzlich eintretende Schrecknis kontrastiert dann desto grausig-schroffer mit der heiteren Umgebung, mit der Vorbereitung zur Freude, mit der lustigen Musik. Solange der Rand des Bechers noch nicht die Lippen berührt, kann der kostbare Trank noch immer verschüttet werden. Ein düsterer Hochzeitgast kann eintreten, den niemand gebeten hat und den doch keiner den Mut hat fortzuweisen. Er sagt der Braut ein Wort ins Ohr, und sie erbleicht. Er gibt dem Bräutigam einen leisen Wink, und dieser folgt ihm aus dem Saale, wandelt mit ihm weit hinaus in die wehende Nacht und kehrt nimmermehr heim. Gewöhnlich ist es ein früheres Liebesversprechen, weshalb plötzlich eine kalte Geisterhand die Braut und den Bräutigam trennt. Als Herr Peter von Staufenberg beim Hochzeitmahle saß und zufällig aufwärts schaute, erblickte er einen kleinen weißen Fuß, der durch die Saalesdecke hervortrat. Er erkannte den Fuß jener Nixe, womit er früher im zärtlichsten Liebesbündnisse gestanden, und an diesem Wahrzeichen merkte er wohl, daß er durch seine Treulosigkeit das Leben verwirkt. Er schickt zum Beichtiger, läßt sich das Abendmahl reichen und bereitet sich zum Tode. Von dieser Geschichte wird in deutschen Landen noch viel gesagt und gesungen. Es heißt auch, die beleidigte Nixe habe den ungetreuen Ritter unsichtbar umarmt und in dieser Umarmung gewürgt. Tief gerührt werden die Frauen bei dieser tragischen Erzählung. Aber unsere jungen Freigeister lächeln darüber spöttisch und wollen nimmermehr glauben, daß die Nixen so gefährlich sind. Sie werden späterhin ihre Ungläubigkeit bitter bereuen.

Die Nixen haben die größte Ähnlichkeit mit den Elfen. Sie sind beide verlockend, anreizend und lieben den Tanz. Die Elfen tanzen auf Moorgründen, grünen Wiesen, freien Waldplätzen und am liebsten unter alten Eichen. Die Nixen tanzen bei Teichen und Flüssen; man sah sie auch wohl auf dem Wasser tanzen, den Vorabend, wenn jemand dort ertrank. Auch kommen sie oft zu den Tanzplätzen der Menschen und tanzen mit ihnen ganz wie unsereins. Die weiblichen Nixen erkennt man an dem Saum ihrer weißen Kleider, der immer feucht ist. Auch wohl an dem feinen Gespinste ihrer Schleier und an der vornehmen Zierlichkeit ihres geheimnisvollen Wesens. Den männlichen Nix erkennt man daran, daß er grüne Zähne hat, die fast wie Fischgräten gebildet sind. Auch empfindet man einen inneren Schauer, wenn man seine außerordentlich weiche, eiskalte Hand berührt. Gewöhnlich trägt er einen grünen Hut. Wehe dem Mädchen, das, ohne ihn zu kennen, gar zu sorglos mit ihm tanzt. Er zieht sie hinab in sein feuchtes Reich. Marsk Stig, der Königsmörder, hatte zwei schöne Töchter, wovon die jüngste in des Wassermanns Gewalt geriet, sogar während sie in der Kirche war. Der Nix erschien als ein stattlicher Ritter; seine Mutter hatte ihm ein Roß von klarem Wasser und Sattel und Zaum von dem weißesten Sande gemacht, und die arglose Schöne reichte ihm freudig ihre Hand. Wird sie ihm da unten im Meere die versprochene Treue halten? Ich weiß nicht; aber ich kenne eine Sage von einem anderen Wassermann, der sich ebenfalls eine Frau vom festen Lande geholt hat und aufs listigste von ihr betrogen ward. Es ist die Sage von Rosmer, dem Wassermann, der, ohne es zu wissen, seine eigne Frau in einer Kiste auf den Rücken nahm und sie ihrer Mutter zurückbrachte. Er vergoß darüber nachher die bitterlichsten Tränen.

Die Nixen haben ebenfalls oft dafür zu büßen, daß sie an dem Umgang der Menschen Gefallen fanden. Auch hierüber weiß ich eine Geschichte, die von deutschen Dichtern vielfach besungen worden. Aber am rührendsten klingt sie in folgenden schlichten Worten, wie sie die Gebrüder Grimm, in ihren Sagen, mitteilen:

»Zu Epfenbach bei Sinzheim traten seit der Leute Gedenken jeden Abend drei wunderschöne, weißgekleidete Jungfrauen in die Spinnstube des Dorfs. Sie brachten immer neue Lieder und Weisen mit, wußten hübsche Märchen und Spiele, auch ihre Rocken und Spindeln hatten etwas Eigenes, und keine Spinnerin konnte so fein und behend den Faden drehen. Aber mit dem Schlag elf standen sie auf, packten ihre Rocken zusammen und ließen sich durch keine Bitte einen Augenblick länger halten. Man wußte nicht, woher sie kamen, noch, wohin sie gingen: man nannte sie nur die Jungfern aus dem See oder die Schwestern aus dem See. Die Burschen sahen sie gern und verliebten sich in sie, zu allermeist des Schulmeisters Sohn. Der konnte nicht satt werden, sie zu hören und mit ihnen zu sprechen, und nichts tat ihm leider, als daß sie jeden Abend schon so früh aufbrachen. Da verfiel er einmal auf den Gedanken und stellte die Dorfuhr eine Stunde zurück, und abends im steten Gespräch und Scherz merkte kein Mensch den Verzug der Stunde. Und als die Glocke elf schlug, es aber schon eigentlich zwölf war, standen die drei Jungfrauen auf, legten ihre Rocken zusammen und gingen fort. Den folgenden Morgen kamen etliche Leute am See vorbei; da hörten sie wimmern und sahen drei blutige Stellen oben auf der Fläche. Seit der Zeit kamen die Schwestern nimmermehr zur Stube. Des Schulmeisters Sohn zehrte ab und starb kurz darnach.«

Es liegt etwas so Geheimnisvolles in dem Treiben der Nixen. Der Mensch kann sich unter dieser Wasserdecke soviel Süßes und zugleich soviel Entsetzliches denken. Die Fische, die allein etwas davon wissen können, sind stumm. Oder schweigen sie etwa aus Klugheit? Fürchten sie grausame Ahndung, wenn sie die Heimlichkeiten des stillen Wasserreichs verrieten? So ein Wasserreich mit seinen wollüstigen Heimlichkeiten und verborgenen Schrecknissen mahnt an Venedig. Oder war Venedig selbst ein solches Reich, das zufällig, aus der Tiefe des Adriatischen Meers, zur Oberwelt heraufgetaucht mit seinen Marmorpalästen, mit seinen delphinäugigen Kurtisanen, mit seinen Glasperlen- und Korallenfabriken, mit seinen Staatsinquisitoren, mit seinen geheimen Ersäufungsanstalten, mit seinem bunten Maskengelächter? Wenn einst Venedig wieder in die Lagunen hinabgesunken sein mag, dann wird seine Geschichte wie ein Nixenmärchen klingen, und die Amme wird den Kindern von dem großen Wasservolk erzählen, das, durch Beharrlichkeit und List, sogar über das feste Land geherrscht, aber endlich von einem zweiköpfigen Adler totgebissen worden.

Das Geheimnisvolle ist der Charakter der Nixen, wie das träumerisch Lustige der Charakter der Elfen. Beide sind vielleicht in der ursprünglichen Sage selbst nicht sehr unterschieden, und erst spätere Zeiten haben hier eine Sonderung vorgenommen. Die Namen selbst geben keine sichere Auskunft. In Skandinavien heißen alle Geister Elfen, Alf, und man unterscheidet sie in weiße und schwarze Alfen; letztere sind eigentliche Kobolde. Den Namen Nix gibt man in Dänemark ebenfalls den Hauskobolden, die man dort, wie ich schon früher gemeldet, Nissen nennt.

Dann gibt es auch Abnormitäten, Nixen, welche nur bis zur Hüfte menschliche Bildung tragen, unten aber in einem Fischschweif endigen oder mit der Oberhälfte ihres Leibes als eine wunderschöne Frau und mit der Unterhälfte als eine schuppige Schlange erscheinen, wie eure Melusine, die Geliebte des Grafen Raimund von Poitiers.

Glücklicher Raimund, dessen Geliebte nur zur Hälfte eine Schlange war!

Auch kommt es oft vor, daß die Nixen, wenn sie sich mit Menschen in ein Liebesbündnis einlassen, nicht bloß Verschwiegenheit verlangen, sondern auch bitten, man möge sie nie befragen nach ihrer Herkunft, nach Heimat und Sippschaft. Auch sagen sie nicht ihren rechten Namen, sondern sie geben sich unter den Menschen sozusagen einen nom de guerre. Der Gatte der klevschen Prinzessin nannte sich Helias. War er ein Nix oder ein Elfe? Wie oft, wenn ich den Rhein hinabfuhr und dem Schwanenturm von Kleve vorüberkam, dachte ich an den geheimnisvollen Ritter, der so wehmütig streng sein Inkognito bewahrte und den die bloße Frage nach seiner Herkunft aus den Armen der Liebe vertreiben konnte. Als die Prinzessin ihre Neugier nicht bemeistern konnte und einst in der Nacht zu ihrem Gemahle die Worte sprach: »Herr, solltet Ihr nicht unserer Kinder wegen sagen, wer Ihr seid?«, da stieg er seufzend aus dem Bette, setzte sich wieder auf sein Schwanenschiff, fuhr den Rhein hinab und kam nimmermehr zurück. Aber es ist auch wirklich verdrießlich, wenn die Weiber zuviel fragen. Braucht eure Lippen zum Küssen, nicht zum Fragen, ihr Schönen. Schweigen ist die wesentlichste Bedingung des Glückes. Wenn der Mann die Gunstbezeugungen seines Glückes ausplaudert oder wenn das Weib nach den Geheimnissen ihres Glückes neugierig forscht, dann gehen sie beide ihres Glückes verlustig.

Elfen und Nixen können zaubern, können sich in jede beliebige Gestalt verwandeln; indessen manchmal sind auch sie selber von mächtigeren Geistern und Nekromanten in allerlei häßliche Mißgebilde verwünscht worden. Sie werden aber erlöst durch Liebe, wie im Märchen Zemire und Azor; das krötige Ungeheuer muß dreimal geküßt werden, und es verwandelt sich in einen schönen Prinzen. Sobald du deinen Widerwillen gegen das Häßliche überwindest und das Häßliche sogar liebgewinnst, so verwandelt es sich in etwas Schönes. Keine Verwünschung widersteht der Liebe. Liebe ist ja selber der stärkste Zauber, jede andere Verzauberung muß ihr weichen. Nur gegen eine Gewalt ist sie ohnmächtig. Welche ist das? Es ist nicht das Feuer, nicht das Wasser, nicht die Luft, nicht die Erde mit allen ihren Metallen; es ist die Zeit.

Die seltsamsten Sagen in betreff der Elementargeister findet man bei dem alten guten Johannes Prätorius, dessen »Anthropodemus plutonicus oder neue Weltbeschreibung von allerlei wunderbaren Menschen« im Jahr 1666 zu Magdeburg erschienen ist. Schon die Jahrzahl ist merkwürdig; es ist das Jahr, dem der Jüngste Tag prophezeit worden. Der Inhalt des Buches ist ein Wust von Unsinn, aufgegabeltem Aberglauben, maulhängkolischen und affenteuerlichen Historien und gelehrten Zitaten, Kraut und Rüben. Die zu behandelnden Gegenstände sind geordnet nach den Anfangsbuchstaben ihres Namens, die ebenfalls höchst willkürlich gewählt sind. Auch die Einteilungen sind ergötzlich, z.B. wenn der Verfasser von Gespenstern handeln will, so handelt er 1. von wirklichen Gespenstern, 2. von erdichteten Gespenstern, d.h. von Betrügern, die sich als Gespenster vermummen. Aber er ist voll Belehrung, und in diesem Buche, sowie auch in seinen anderen Werken, haben sich Traditionen erhalten, die teils sehr wichtig für das Studium der germanischen Religionsaltertümer, teils auch als bloße Kuriositäten sehr interessant sind. Ich bin überzeugt, ihr alle wißt nicht, daß es Meerbischöfe gibt. Ich zweifle sogar, ob die »Gazette de France« es weiß. Und doch wäre es wichtig für manche Leute zu wissen, daß das Christentum sogar im Ozean seine Anhänger hat, und gewiß in großer Anzahl. Vielleicht die Majorität der Meergeschöpfe sind Christen, wenigstens ebenso gute Christen wie die Majorität der Franzosen. Ich möchte dieses gern verschweigen, um der katholischen Partei in Frankreich durch diese Mitteilung keine Freude zu machen, aber da ich hier von Nixen, von Wassermenschen, zu sprechen habe, verlangt es die deutsch-gewissenhafte Gründlichkeit, daß ich der Seebischöfe erwähne. Prätorius erzählt nämlich folgendes:

»In den holländischen Chroniken liest man, Cornelius von Amsterdam habe an einen Medikus namens Gelbert nach Rom geschrieben, daß im Jahr 1531 in dem nordischen Meere, nahe bei Elpach, ein Meermann sei gefangen worden, der wie ein Bischof von der römischen Kirche ausgesehen habe. Den habe man dem König von Polen zugeschickt. Weil er aber ganz im geringsten nichts essen wollte von allem, was ihm dargereicht, sei er am dritten Tage gestorben, habe nichts geredet, sondern nur große Seufzer geholet.«

Eine Seite weiter hat Prätorius ein anderes Beispiel mitgeteilt:

»Im Jahr 1433 hat man in dem Baltischen Meere, gegen Polen, einen Meermann gefunden, welcher einem Bischof ganz ähnlich gewesen. Er hatte einen Bischofshut auf dem Haupte, seinen Bischofstab in der Hand und ein Meßgewand an. Er ließ sich berühren, sonderlich von den Bischöfen des Ortes, und erwies ihnen Ehre, jedoch ohne Rede. Der König wollte ihn in einem Turm verwahren lassen, darwider setzte er sich mit Gebärden, und baten die Bischöfe, daß man ihn wieder in sein Element lassen wolle, welches auch geschehen, und wurde er von zweien Bischöfen dahin begleitet und erwies sich freudig. Sobald er in das Wasser kam, machte er ein Kreuz und tauchte sich hinunter, wurde auch künftig nicht mehr gesehen. Dieses ist zu lesen in Flandr. Chronic., in Hist. Ecclesiast. Spondani, wie auch in den Memorabilibus Wolfii.«

Ich habe beide Geschichten wörtlich mitgeteilt und meine Quelle genau angegeben, damit man nicht etwa glaube, ich hätte die Meerbischöfe erfunden. Ich werde mich wohl hüten, noch mehr Bischöfe zu erfinden.

Einigen Engländern, mit denen ich mich gestern über die Reform der anglikanisch-episkopalen Kirche unterhielt, habe ich den Rat gegeben, aus ihren Landbischöfen lauter Meerbischöfe zu machen.

Zur Ergänzung der Sagen von Nixen und Elfen habe ich noch der Schwanenjungfrauen zu erwähnen. Die Sage ist hier sehr unbestimmt und mit einem allzu geheimnisvollen Dunkel umwoben. Sind sie Wassergeister? Sind sie Luftgeister? Sind sie Zauberinnen? Manchmal kommen sie aus den Lüften als Schwäne herabgeflogen, legen ihre weiße Federhülle von sich, wie ein Gewand, sind dann schöne Jungfrauen und baden sich in stillen Gewässern. Überrascht sie dort irgendein neugieriger Bursche, dann springen sie rasch aus dem Wasser, hüllen sich geschwind in ihre Federhaut und schwingen sich dann als Schwäne wieder empor in die Lüfte. Der vortreffliche Musäus erzählt in seinen »Volksmärchen« die schöne Geschichte von einem jungen Ritter, dem 328 es gelang, eins von jenen Federgewändern zu stehlen; als die Jungfrauen aus dem Bade stiegen, sich schnell in ihre Federkleider hüllten und davonflogen, blieb eine zurück, die vergebens ihr Federkleid suchte. Sie kann nicht fortfliegen, weint beträchtlich, ist wunderschön, und der schlaue Ritter heuratet sie. Sieben Jahre leben sie glücklich; aber einst, in der Abwesenheit des Gemahls, kramt die Frau in verborgenen Schränken und Truhen und findet dort ihr altes Federgewand; geschwind schlüpft sie hinein und fliegt davon.

In den altdänischen Liedern ist von einem solchen Federgewand sehr oft die Rede, aber dunkel und in höchst befremdlicher Art. Hier finden wir Spuren von dem ältesten Zauberwesen. Hier sind Töne von nordischem Heidentum, die, wie halbvergessene Träume, in unserem Gedächtnisse einen wunderbaren Anklang finden. Ich kann nicht umhin, ein altes Lied mitzuteilen, worin nicht bloß von der Federhaut gesprochen wird, sondern auch von den Nachtraben, die ein Seitenstück zu den Schwanenjungfrauen bilden. Dieses Lied ist so schauerlich, so grauenhaft, so düster wie eine skandinavische Nacht, und doch glüht darin eine Liebe, die an wilder Süße und brennender Innigkeit nicht ihresgleichen hat, eine Liebe, die, immer gewaltiger entlodernd, endlich wie ein Nordlicht emporschießt und mit ihren leidenschaftlichen Strahlen den ganzen Himmel überflammt. Indem ich hier dieses ungeheure Liebesgedicht mitteile, muß ich vorausbemerken, daß ich mir dabei nur metrische Veränderungen erlaube, daß ich nur am Äußerlichen, an dem Gewande, hie und da ein bißchen geschneidert. Der Refrain nach jeder Strophe ist immer: »So fliegt er über das Meer!«

> Sie schifften wohl über das salzige Meer,
> Der König und die Königin beide;

Daß die Königin nicht geblieben daheim,
Das ward zu großem Leide.

Das Schiff, das stand auf einmal still,
Sie konnten's nicht weiter lenken;
Ein wilder Nachtrabe geflogen kam,
Er wollt's in den Grund versenken.

»Ist jemand unter den Wellen versteckt
Und hält das Schiff befestigt?
Ich gebe ihm beides, Silber und Gold,
Er lasse uns unbelästigt.

So du es bist, Nachtrabe wild,
So senk uns nicht zu Grunde,
Ich gebe dir beides, Silber und Gold,
Wohl fünfzehn gewogene Pfunde.«

»Dein Gold und Silber verlang ich nicht,
Ich verlange bessere Gaben,
Was du trägst unter dem Leibgurt dein,
Das will ich von dir haben.«

»Was ich trage unter dem Leibgurt mein,
Das will ich dir gerne geben;
Das sind ja meine Schlüssel klein,
Nimm hin, und laß mir mein Leben.«

Sie zog heraus die Schlüssel klein,
Sie warf sie ihm über Borde.
Der wilde Rabe von dannen flog,
Er hielt sie freudig beim Worte.

Und als die Kön'gin nach Hause kam,
Sie ging am Strande spazieren,
Da merkt' sie, wie German, der fröhliche Held,
Sich unter dem Leibgurt tät rühren.

Und als fünf Monde verflossen dahin,
Die Königin eilt in die Kammer,
Eines schönen Sohnes sie genas,
Das ward zu großem Jammer.

Er ward geboren in der Nacht,
Und getauft sogleich den Morgen,
Sie nannten ihn German, den fröhlichen Held,
Sie glaubten ihn schon geborgen.

Der Knabe wuchs, er wußte sich gut
Im Reiten und Fechten zu üben;
Sooft seine liebe Mutter ihn sah,
Tät sich ihr Herz betrüben.

»O Mutter, liebe Mutter mein,
Wenn ich Euch vorübergehe,
Warum so traurig werdet Ihr,
Daß ich Euch weinen sehe?«

»So wisse, German, du fröhlicher Held,
Dein Leben ist bald geendet,
Denn als ich dich unter dem Leibgurt trug,
Hab ich dich dem Raben verpfändet.«

»O Mutter, liebe Mutter mein,
O laßt Eu'r Leid nur fahren,
Was mir mein Schicksal bescheren will,
Davor kann mich niemand bewahren.«

Das war eines Donnerstags, im Herbst,
Als kaum der Morgen graute,
Die Frauenstube offenstand,
Da kamen krächzende Laute.

Der häßliche Rabe kam herein,
Setzt sich zu der Königin dorten:

»Frau Königin, gebt mir Eu'r Kind,
Ihr habt's mir versprochen mit Worten.«

Sie aber hat beim höchsten Gott,
Bei allen Heil'gen geschworen,
Sie wüßte weder von Tochter noch Sohn,
Die sie auf Erden geboren.

Der häßliche Rabe flog zornig davon,
Und zornig schrie er im Fluge:
»Wo find ich German, den fröhlichen Held,
Er gehört mir mit gutem Fuge.«

Und German war alt schon fünfzehn Jahr,
Und ein Mädchen zu freien gedacht er;
Er schickte Boten nach Engeland,
Er warb um des Königs Tochter.

Des Königs Tochter ward ihm verlobt,
Und nach England zu reisen beschloß er:
»Wie komm ich schnell zu meiner Braut,
Rings um die Insel ist Wasser?«

Und das war German, der fröhliche Held,
In Scharlach sich kleiden tat er,
In seinem scharlachroten Kleid
Vor seine Mutter trat er.

»O Mutter, liebe Mutter mein,
Erfüllet mein Begehre
Erfüllet mein Begehre,
Und leiht mir Euer Federgewand,
Daß ich fliegen kann über dem Meere.«

»Mein Federgewand in dem Winkel dort hängt,
Die Federn, die fallen zur Erde;

Ich denke, daß ich zur Frühjahrzeit
Das Gefieder ausbessern werde.

Auch sind die Fittiche viel zu breit,
Die Wolken drücken sie nieder –
Und ziehst du fort in ein fremdes Land,
Ich schaue dich niemals wieder.«

Er setzte sich in das Federgewand,
Flog fort wohl über das Wasser;
Da traf er den wilden Nachtraben an,
Auf der Klippe im Meere saß er.

Wohl über das Wasser flog er fort,
Inmitten des Sundes kam er;
Da hört’ er einen erschrecklichen Laut,
Eine häßliche Stimme vernahm er:

»Willkommen, German, du fröhlicher Held,
So lange erwarte ich deiner;
Als deine Mutter dich mir versprach,
Da warst du viel zarter und kleiner.«

»O laß mich fliegen zu meiner Braut,
Ich treffe (bei meinem Worte!),
Sobald ich sie gesprochen hab,
Dich hier auf demselben Orte.«

»So will ich dich zeichnen, daß immerdar
Ich dich wiedererkenne im Leben,
Und dieses Zeichen erinnere dich
An das Wort, das du mir gegeben.«

333

Er hackte ihm aus sein rechtes Aug’,
Trank halb ihm das Blut aus dem Herzen.
Der Ritter kam zu seiner Braut
Mit großen Liebesschmerzen.

Er setzte sich in der Jungfraun Saal,
Er war so blutig, so bleiche;
Die kosenden Jungfraun in dem Saal,
Sie verstummten alle sogleiche.

Die Jungfraun ließen Freud und Scherz,
Sie saßen still so sehre;
Aber die stolze Jungfrau Adelutz
Warf von sich Nadel und Schere.

Die Jungfraun saßen still so sehr,
Sie ließen Scherz und Freude;
Aber die stolze Jungfrau Adelutz
Schlug zusammen die Hände beide.

»Willkommen, German, der fröhliche Held,
Wo habt Ihr gespielet so mutig?
Warum sind Eure Wangen so bleich
Und Eure Kleider so blutig?«

»Ade, stolze Jungfrau Adelutz,
Muß wieder zurück zu dem Raben,
Der mein Aug' ausriß und mein Herzblut trank,
Auch meinen Leib will er haben.«

Einen goldnen Kamm zieht sie heraus,
Selbst kämmt sie ihm seine Haare;
Bei jedem Haare, das sie kämmt,
Vergießt sie Tränen viel klare.

Bei jeder Locke, die sie ihm schlingt,
Vergießt sie Tränen viel klare;
Sie verwünscht seine Mutter, durch deren Schuld
Er soviel Unglück erfahre.

Die stolze Jungfrau Adelutz
Zog ihn in ihre Arme beide;

»Deine böse Mutter sei verwünscht,
Sie bracht uns zu solchem Leide.«

»Hört, stolze Jungfrau Adelutz,
Meine Mutter verwünschet nimmer,
Sie konnte nicht, wie sie gewollt,
Seinem Schicksal erliegt man immer.«

Er setzte sich in sein Federgewand,
Flog wieder fort so schnelle.
Sie setzt sich in ein andres Federgewand
Und folgt ihm auf der Stelle.

Er flog wohl auf, er flog wohl ab
In der weiten Wolkenhöhe;
Sie flog beständig hinter ihm drein,
Blieb immer in seiner Nähe.

»Kehrt um, stolze Jungfrau Adelutz,
Müßt wieder nach Hause fliegen;
Eure Saaltür ließet Ihr offenstehn,
Eure Schlüssel zur Erde liegen.«

»Laß meine Saaltür offenstehn,
Meine Schlüssel liegen zur Erde;
Wo Ihr empfangen habt Eu'r Leid,
Dahin ich Euch folgen werde.«

335

Er flog wohl ab, er flog wohl auf,
Die Wolken hingen so dichte,
Es brach herein die Dämmerung,
Sie verlor ihn aus dem Gesichte.

Alle die Vögel, die sie im Fluge traf,
Die schnitt sie da in Stücken;
Nur dem wilden, häßlichen Raben zu nahn,
Das wollt ihr nicht gelücken.

Die stolze Jungfrau Adelutz,
Herunter flog zum Strand sie;
Sie fand nicht German, den fröhlichen Held,
Seine rechte Hand nur fand sie.

Da schwang sie sich wieder erzürnt empor,
Zu treffen den wilden Raben,
Sie flog gen Westen, gen Osten sie flog,
Von ihr selbst den Tod sollt er haben.

Alle die Vögel, die kamen vor ihre Scher',
Hat sie in Stücken zerschnitten;
Und als sie den wilden Nachtraben traf,
Sie schnitt ihn entzwei in der Mitten.

Sie schnitt ihn und zerrt' ihn, so lang', bis sie selbst
Des müden Todes gestorben.
Sie hat um German, den fröhlichen Held,
Soviel Kummer und Not erworben.

Höchst bedeutungsvoll ist in diesem Liede nicht bloß die Erwähnung des Federgewandes, sondern das Fliegen selbst. Zur Zeit des Heidentums waren es Königinnen und edle Frauen, von welchen man sagte, daß sie in den Lüften zu fliegen verstünden, und diese Zauberkunst, die damals für etwas Ehrenwertes galt, wurde später, in christlicher Zeit, als eine Abscheulichkeit des Hexenwesens dargestellt. Der Volksglaube von den Luftfahrten der Hexen ist eine Travestie alter germanischer Traditionen und verdankt seine Entstehung keineswegs dem Christentum, wie man aus einer Bibelstelle, wo Satan unseren Heiland durch die Lüfte führt, irrtümlich vermutet hat. Jene Bibelstelle könnte allenfalls zur Justifikation des Volksglaubens dienen, indem dadurch bewiesen ward, daß der Teufel wirklich imstande sei, die Menschen durch die Luft zu tragen.

Die Schwanenjungfraun, von welchen ich geredet, halten manche für die Walküren der Skandinavier. Auch von diesen haben sich bedeutsame Spuren im Volksglauben erhalten. Die Hexen, die Shakespeare in seinem »Macbeth« auftreten läßt, werden in der alten Sage, die der Dichter fast umständlich benutzt hat, weit edler geschildert. Nach dieser Sage sind

336

dem Helden im Walde, kurz vor der Schlacht, drei rätselhafte Jungfrauen begegnet, die ihm sein Schicksal voraussagten und spurlos verschwanden. Es waren Walküren oder gar die Nornen, die Parzen des Nordens. An diese mahnen auch die drei wunderlichen Spinnerinnen, die uns aus alten Ammenmärchen bekannt sind; die eine hat einen Plattfuß, die andre einen breiten Daumen und die dritte eine Hängelippe. Hieran erkennt man sie immer, sie mögen sich verjüngt oder verältert präsentieren.

Ich kann nicht umhin, hier eines Märchens zu erwähnen, als dessen Schauplatz mir die rheinische Heimat wieder recht blühend und lachend ins Gedächtnis tritt. Auch hier erscheinen drei Frauen, von welchen ich nicht bestimmen kann, ob sie Elementargeister sind oder Zauberinnen, nämlich Zauberinnen von der altheidnischen Observanz, die sich von der späteren Hexenschwesterschaft durch poetischen Anstand so sehr unterscheiden. Ganz genau habe ich die Geschichte nicht im Kopfe; wenn ich nicht irre, wird sie in Schreibers »Rheinischen Sagen« aufs umständlichste erzählt. Es ist die Sage vom Wispertale, welches unweit Lorch am Rheine gelegen ist. Dieses Tal führt seinen Namen von den wispernden Stimmen, die einem dort ans Ohr vorbeipfeifen und an ein gewisses heimliches »Pist! Pist!« erinnern, das man zur Abendzeit in gewissen Seitengäßchen einer Hauptstadt zu vernehmen pflegt. Durch dieses Wispertal wanderten eines Tages drei junge Gesellen, sehr frohgelaunt und höchst neugierig, was doch das beständige »Pist! Pist!« bedeuten möge. Der ältere und gescheuteste von ihnen, ein Schwertfeger seines Handwerks, rief endlich ganz laut: »Das sind Stimmen von Weibern, die gewiß so häßlich sind, daß sie sich nicht zeigen dürfen!« Er hatte kaum die herausfordernd schlauen Worte gesprochen, da standen plötzlich drei wunderschöne Jungfrauen vor ihm, die ihn und seine zwei Gefährten mit anmutiger Gebärde einluden, sich in ihrem Schlosse von den Mühseligkeiten der Reise zu erholen und sonstig zu erlustigen. Dieses Schloß, welches sich ganz in ihrer Nähe befand, hatten die jungen Gesellen vorher gar nicht bemerkt, vielleicht weil es nicht frei aufgebaut, sondern in einem Felsen ausgehauen war, so daß nur die kleinen Spitzbogenfenster und ein großer Torweg von außen sichtbar. Als sie hineintraten in das Schloß, wunderten sie sich nicht wenig über die Pracht, die ihnen von allen Seiten entgegenglänzte. Die drei Jungfrauen, welche es ganz allein zu bewohnen schienen, gaben ihnen dort ein köstliches Gastmahl, wobei sie ihnen selber den Wein-becher kredenzten. Die jungen Gesellen, denen das Herz in der Brust immer freudiger lachte, hatten nie so schöne, blühende und liebreizende Weibsbilder gesehen, und sie verlobten sich denselben mit vielen brennenden Küssen. Am dritten Tage sprachen die Jungfrauen: »Wenn ihr immer mit uns leben wollt, ihr holden Bräutigame, so müßt ihr vorher noch einmal in den Wald gehen und euch erkundigen, was die Vögel dort singen und sagen; sobald ihr dem Sperling, der Elster und der Eule ihre Sprüche abgelauscht und sie wohl verstanden habt, dann kommt wieder zurück in unsere Arme.«

Die drei Gesellen begaben sich hierauf in den Wald, und nachdem
 sie sich durch Gestripp und Krüppelholz den Weg gebahnt, an manchem Dorn sich geritzt, auch über manche Wurzel gestolpert, kamen sie zu dem Baume, worauf ein Sperling saß, welcher folgenden Spruch zwit-scherte:

> »Es sind mal drei dumme Hänse
> Ins Schlaraffenland gezogen;
> Da kamen die gebratenen Gänse
> Ihnen just vors Maul geflogen.
> Sie aber sprachen: ›Die armen Schlaraffen,
> Sie wissen doch nichts Gescheutes zu schaffen,
> Die Gänse müßten viel kleiner sein,
> Sie gehn uns ja nicht ins Maul hinein.‹«

»Ja, ja«, rief der Schwertfeger, »das ist eine ganz richtige Bemerkung! Ja, ja, wenn der lieben Dummheit die gebratenen Gänse sogar vors Maul geflogen kommen, so fruchtet es ihr doch nichts! Ihr Maul ist zu klein, und die Gänse sind zu groß, und sie weiß sich nicht zu helfen!«

Nachdem die drei Gesellen weitergewandert, sich durch Gestripp und Krüppelholz den Weg gebahnt, an manchem Dorn sich geritzt, über manche Wurzel gestolpert, kamen sie zu einem Baume, auf dessen Zweigen eine Elster hin und her sprang und folgenden Spruch plapperte: »Meine Mutter war eine Elster, meine Großmutter war ebenfalls eine Elster, meine Urgroßmutter war wieder eine Elster, auch meine Ur-Urgroßmutter war eine Elster, und wenn meine Ur-Urgroßmutter nicht gestorben wär, so lebte sie noch.«

»Ja, ja«, rief der Schwertfeger, »das verstehe ich! das ist ja die allgemeine Weltgeschichte. Das ist am Ende der Inbegriff aller unserer Forschungen, und viel mehr werden die Menschen auf dieser Welt nimmermehr erfahren.«

Nachdem die drei Gesellen wieder weitergewandert, durch Gestripp und Krüppelholz sich den Weg gebahnt, an manchem Dorn sich geritzt, über manche Wurzel gestolpert, kamen sie zu einem Baume, in dessen Höhlung eine Eule saß, die folgenden Spruch vor sich hin murrte: »Wer mit einem Weibe spricht, der wird von einem Weibe betrogen, wer mit zwei Weibern spricht, der wird von zwei betrogen, und wer mit drei Weibern spricht, der wird von drei betrogen.«

»Holla!« rief zornig der Schwertfeger, »du häßlicher, armseliger Vogel mit deiner häßlichen, armseligen Weisheit, die man von jedem bucklichten Bettler für einen Pfennig kaufen könnte! Das ist alter, abgestandener Leumund. Du würdest die Weiber weit besser beurteilen, wenn du hübsch und lustig wärest wie wir oder wenn du gar unsere Bräute kenntest, die so schön sind wie die Sonne und so treu wie Gold!«

Hierauf machten sich die drei Gesellen auf den Rückweg, und nachdem sie, lustig pfeifend und trillernd, einige Zeit lang gewandert, befanden sie sich wieder angesichts des Felsenschlosses, und mit ausgelassener Fröhlichkeit sangen sie das Schelmenlied:

> »Riegel auf, Riegel zu,
> Feins Liebchen, was machst du?
> Schläfst du oder wachst du?
> Weinst du oder lachst du?«

Während nun die jungen Gesellen solchermaßen jubilierend vor dem Schloßtore standen, öffneten sich über demselben drei Fensterchen, und aus jedem guckte ein altes Mütterchen heraus; alle drei langnasig und triefäugig, wackelten sie vergnügt mit ihren greisen Köpfen, und sie öffneten ihre zahnlosen Mäuler, und sie kreischten: »Da unten sind ja unsere holden Bräutigame! Wartet nur, ihr holden Bräutigame, wir werden euch gleich das Tor öffnen und euch mit Küssen bewillkommen, und ihr sollt jetzt das Lebensglück genießen in den Armen der Liebe!«

Die jungen Gesellen, zu Tode bestürzt, warteten nicht so lange, bis die Pforten des Schlosses und die Arme ihrer Bräutchen und das Lebensglück, das sie darin genießen sollten, sich ihnen öffneten; sie nahmen auf der Stelle Reißaus, liefen über Hals und über Kopf und machten so lange Beine, daß sie noch desselben Tags in der Stadt Lorch anlangten. Als sie hier des Abends in der Schenke beim Weine saßen, mußten sie manchen Schoppen leeren, ehe sie sich von ihrem Schrecken ganz erholt. Der Schwertfeger aber fluchte hoch und teuer, daß die Eule der klügste Vogel der Welt sei und mit Recht für ein Sinnbild der Weisheit gelte.

Ich habe in diesen Blättern immer nur flüchtig ein Thema berührt, welches zu den interessantesten Betrachtungen einen bändereichen Stoff bieten könnte: nämlich die Art und Weise, wie das Christentum die altgermanische Religion entweder zu vertilgen oder in sich aufzunehmen suchte und wie sich die Spuren derselben im Volksglauben erhalten haben. Wie jener Vertilgungskrieg geführt wurde, ist bekannt. - - - - Wenn das Volk, gewohnt an den ehemaligen Naturdienst, auch nach der Bekehrung für gewisse Orte eine verjährte Ehrfurcht bewahrte, so suchte man solche Sympathie entweder für den neuen Glauben zu benutzen oder als Antriebe des bösen Feindes zu verschreien. Bei jenen Quellen, die das Heidentum als göttlich verehrte, baute der christliche Priester sein kluges Kirchlein, und er selber segnete jetzt das Wasser und exploitierte dessen Wunderkraft. Es sind noch immer die alten lieben Brünnlein der Vorzeit, wohin das Volk wallfahrtet und wo es gläubig seine Gesundheit schöpft, bis auf heutigen Tag. Die heiligen Eichen, die den frommen Äxten widerstanden, wurden verleumdet; unter diesen Bäumen, hieß es jetzt, trieben die Teufel ihren nächtlichen Spuk und die Hexen ihre höllische Unzucht. Aber die Eiche blieb dennoch der Lieblingsbaum des deutschen Volkes, die Eiche ist noch heutzutage das Symbol der deutschen Nationalität selber: es ist der größte und stärkste Baum des Waldes; seine Wurzel dringt bis in die Grundtiefe der Erde; sein Wipfel, wie ein grünes Banner, flattert stolz in den Lüften; die Elfen der Poesie wohnen in seinem Stamme; die Mistel der heiligsten Weisheit rankt an seinen Ästen; nur seine Früchte sind kleinlich und ungenießbar für Menschen.

In den altdeutschen Gesetzen gibt's jedoch noch viele Verbote: daß man bei den Flüssen, den Bäumen und Steinen nicht seine Andacht verrichten solle, in ketzerischem Irrwahn, daß eine Gottheit darin wohne. Karl der Große mußte, in seinen Kapitularien, ausdrücklich befehlen, man solle nicht opfern bei Steinen, Bäumen, Flüssen; auch solle man dort keine geweihte Kerzen anzünden.

Diese drei, Steine, Bäume und Flüsse, erscheinen als Hauptmomente des germanischen Kultus, und damit korrespondiert der Glaube an Wesen, die in den Steinen wohnen, nämlich Zwerge, an Wesen, die in den Bäumen wohnen, nämlich Elfen, und Wesen, die im Wasser wohnen, nämlich Nixen. Will man einmal systematisieren, so ist diese Art weit zweckmäßiger als das Systematisieren nach den verschiedenen Elementen, wo man noch für das Feuer eine vierte Klasse Elementargeister, nämlich die Salamander, annimmt. Das Volk aber, welches immer systemlos, hat nie etwas von dergleichen gewußt. Es gibt unter dem Volke eigentlich nur die Sage von einem Tiere, welches im Feuer leben könne und Salamander heiße. Alle Knaben sind eifrige Naturforscher, und als kleiner Junge habe ich es mir mal sehr angelegen sein lassen, zu untersuchen, ob die Salamander wirklich im Feuer leben können. Als es einst meinen Schulkameraden gelungen, ein solches Tier zu fangen, hatte ich nichts Eiligeres zu tun, als dasselbe in den Ofen zu werfen, wo es erst einen weißen Schleim in die Flammen spritzte, immer leiser zischte und endlich den Geist aufgab. Dieses Tier sieht aus wie eine Eidechse, ist aber safrangelb, etwas schwarz gesprenkelt, und der weiße Saft, den es im Feuer von sich gibt und womit es vielleicht manchmal die Flamme löscht, mag den Glauben veranlaßt haben, daß es in den Flammen leben könne.

Die feurigen Männer, die des Nachts umherwandeln, sind keine Elementargeister, sondern Gespenster von verstorbenen Menschen, toten Wucherern, unbarmherzigen Amtmännern und Bösewichtern, die einen Grenzstein verrückt haben. Die Irrwische sind auch keine Geister. Man weiß nicht genau, was sie sind; sie verlocken den Wandrer in Moorgrund und Sümpfe. Wie gesagt, eine ganze Klasse Feuergeister, wie Paracelsus sie beschreibt, kennt das Volk nicht. Es spricht höchstens nur von einem einzigen Feuergeist, und das ist kein anderer als Luzifer, Satan, der Teufel. In alten Balladen erscheint er unter dem Namen der Feuerkönig, und im Theater, wenn er auftritt oder abgeht, fehlen nie die obligaten Flammen. Da er also der einzige Feuergeist ist und uns für eine ganze Klasse solcher Geister schadlos halten muß, wollen wir ihn näher besprechen.

342

In der Tat, wenn der Teufel kein Feuergeist wäre, wie könnte er es denn in der Hölle aushalten? Er ist ein Wesen von so kalter Natur, daß er sogar nirgends anders als im Feuer sich behaglich fühlen kann. Über diese kalte Natur des Teufels haben sich alle die armen Frauen beklagt, die mit ihm in nähere Berührung gekommen. Merkwürdig übereinstimmend sind in dieser Hinsicht die Aussagen der Hexen, wie wir sie in den Hexenprozessen aller Lande finden können. Diese Damen, die ihre fleischlichen Verbindungen mit dem Teufel eingestanden, sogar auf der Folter, erzählen immer von der Kälte seiner Umarmungen; eiskalt, klagten sie, waren die Ergüsse dieser teuflischen Zärtlichkeit.

Der Teufel ist kalt, selbst als Liebhaber. Aber häßlich ist er nicht; denn er kann ja jede Gestalt annehmen. Nicht selten hat er sich ja auch mit weiblichem Liebreiz bekleidet, um irgendeinen frommen Klosterbruder von seinen Bußübungen abzuhalten oder gar zur sinnlichen Freude zu verlocken. Bei anderen, die er nur schrecken wollte, erschien er in Tiergestalt, er und seine höllischen Gesellen. Besonders wenn er vergnügt ist und viel geschlemmt und gebechert hat, zeigt er sich gern als ein Vieh. Da war ein Edelmann in Sachsen, der hatte seine Freunde eingeladen zu einem Gastmahl. Als nun der Tisch gedeckt und die Stunde der Mahlzeit gekommen und alles zugerichtet war, fehlten ihm seine Gäste, die sich einer nach dem anderen entschuldigen ließen. Darob zornig, entfuhren ihm die Worte: »Wenn kein Mensch kommen will, so mag der Teufel bei mir essen mit der ganzen Hölle!«, und er verließ das Haus, um seinen Unmut zu verschmerzen. Mittlerweile kommen in den Hof hereingeritten große und schwarze Reuter und hießen des Edelmanns Knecht seinen Herrn suchen, um ihm anzuzeigen, daß die zuletzt geladenen Gäste angelangt seien. Der Knecht, nach langem Suchen, findet endlich seinen Herrn, kehrt mit diesem zurück, haben aber beide nicht den Mut, ins Haus hineinzugehen. Denn sie hören, wie drinnen das Schlemmen, Schreien und Singen immer toller wird, und endlich sehen sie, wie die besoffenen Teufel, in der Gestalt von Bären, Katzen, Böcken, Wölfen und Füchsen, ans offene Fenster traten, in den Pfoten die vollen Becher oder die dampfenden Teller und mit glänzenden Schnauzen und lachenden Zähnen heruntergrüßend.

Daß der Teufel in Gestalt eines schwarzen Bockes dem Konvente der Hexen präsidiert, ist allgemein bekannt. Welche Rolle er in dieser Gestalt zu spielen pflegte, werde ich später berichten, wenn ich von

Hexen und Zauberei zu reden habe. In dem merkwürdigen Buche, worin der hochgelahrte Georgius Godelmanus über dieses letztere Thema einen wahrhaften und folgebegründeten Bericht abstattet, finde ich auch, daß der Teufel nicht selten in der Gestalt eines Mönchs erscheint. Er erzählt folgendes Beispiel:

»Als ich in der berühmten hohen Schule zu Wittenberg die Rechte studierte, gedenkt mir noch wohl, etlichemal von meinen Lehrmeistern daselbst gehört zu haben, daß vor Luthers Tür gekommen sei ein Münch, welcher heftig an der Türe geklopft, und wie ihm der Diener auftat und fragte, was er wollte, da fraget der Münch, ob der Luther daheim wäre. Als Lutherus die Sache erfuhr, ließ er ihn hereingehen, weil er nun eine gute Weile keinen Münch gesehen hatte. Da dieser hineinkam, sprach er, er habe etliche papistische Irrtümer, derwegen er sich gern mit ihm besprechen wollte, und er legte ihm einige Syllogismos und Schulreden für, und da sie Luther ohne Mühe auflöste, brachte er andere, die nicht so leicht aufzulösen waren, daher Lutherus, etwas bewegt, diese Worte entfahren ließ: ›Du machst mir viel zu schaffen, da ich doch anderes zu tun hätte!‹ und stund sobald auf und zeigte ihm in der Bibel die Erklärung der Frage, so der Münch vorbrachte. Und als er in demselbigen Gespräche vermerkte, daß des Münchs Hände nicht ungleich wären Vogelsklauen, sprach er: ›Bist du nicht 344 der? Halt, höre zu, dieses Urteil ist wider dich gefällt!‹ und zeigte ihm sobald den Spruch in Genesi, dem ersten Buche Mosis: ›Des Weibes Samen wird der Schlange den Kopf zertreten.‹ Da der Teufel mit diesem Spruch überwunden, ward er zornig und ging murrend davon, warf das Schreibzeug hinter den Ofen und verbreitete einen Duft, dessen die Stube noch etliche Tage übel roch.«

In der vorstehenden Erzählung bemerkt man eine Eigentümlichkeit des Teufels, die sich schon frühe kundgab und bis auf den heutigen Tag erhalten hat. Es ist nämlich seine Disputiersucht, seine Sophistik, seine »Syllogismen«. Der Teufel versteht sich auf Logik, und schon vor achthundert Jahren hat der Papst Sylvester, der berühmte Gerbert, solches zu seinem Schaden erfahren. Dieser hatte nämlich, als er zu Cordova studierte, mit Satan einen Bund geschlossen, und durch seine höllische Hülfe lernte er Geometrie, Algebra, Astronomie, Pflanzenkunde, allerlei nützliche Kunststücke, unter anderen die Kunst, Papst zu werden. In Jerusalem sollte vertragsmäßig sein Leben enden. Er hütete sich wohl, hinzugehen. Als er aber einst in einer Kapelle zu Rom Messe las, kam der Teufel, um ihn abzuholen, und indem der Papst sich dagegen sträubt, beweist ihm jener, daß die Kapelle, worin sie sich befänden, den Namen Jerusalem führe, daß die Bedingungen des alten Bündnisses erfüllt seien und daß er ihm nun zur Hölle folgen müsse. Und der Teufel holte den Papst, indem er ihm lachend ins Ohr flüstert:

»Tu non pensavi ch'io loico fossi!«
»Du dachtest nicht daran, daß ich ein Logiker bin!«

Dante, Inferno, c 27

Der Teufel versteht Logik, er ist Meister in der Metaphysik, und mit seinen Spitzfindigkeiten und Ausdeuteleien überlistet er alle seine Verbündeten. Wenn sie nicht genau aufpaßten und den Kontrakt später nachlasen, fanden sie zu ihrem Erschrecken, daß der Teufel anstatt Jahre nur Monate oder Wochen oder gar Tage geschrieben, und er kommt ihnen plötzlich über den Hals und beweist ihnen, daß die Frist abgelaufen. In einem der älteren Puppenspiele, welche das Satansbündnis, Schandleben und erbärmliche Ende des Doktor Faustus vorstellen, findet sich ein ähnlicher Zug. Faust, welcher vom Teufel die Befriedigung aller irdischen Genüsse begehrte, hat ihm dafür seine Seele verschrieben und sich anheischig gemacht, zur Hölle zu fahren, sobald er die dritte Mordtat begangen habe. Er hat schon zwei Menschen getötet und glaubt, ehe er zum dritten Male jemanden umbringe, sei er dem Teufel noch nicht verfallen. Dieser aber beweist ihm, daß eben sein Teufelsbündnis, sein Seelentotschlag, als dritte Mordtat zähle, und mit dieser verdammten Logik führt er ihn zur Hölle. Wieweit Goethe in seinem Mephisto jenen Charakterzug der Sophistik exploitiert hat, kann jeder selbst beurteilen. Nichts ist ergötzlicher als die Lektüre von Teufelskontrakten, die sich aus der Zeit der Hexenprozesse erhalten haben und worin der Kontrahent sich vorsichtig gegen alle Schikanen verklausuliert und alle Stipulationen aufs ängstlichste paraphrasiert.

Der Teufel ist ein Logiker. Er ist nicht bloß der Repräsentant der weltlichen Herrlichkeit, der Sinnenfreude, des Fleisches, er ist auch Repräsentant der menschlichen Vernunft, eben weil diese alle Rechte der Materie vindiziert; und er bildet somit den Gegensatz zu Christus, der nicht bloß den Geist, die asketische Entsinnlichung, das himmlische

Heil, sondern auch den Glauben repräsentiert. Der Teufel glaubt nicht, er stützt sich nicht blindlings auf fremde Autoritäten, er will vielmehr dem eignen Denken vertrauen, er macht Gebrauch von der Vernunft! Dieses ist nun freilich etwas Entsetzliches, und mit Recht hat die römisch-katholisch-apostolische Kirche das Selbstdenken als Teufelei verdammt und den Teufel, den Repräsentanten der Vernunft, für den Vater der Lüge erklärt.

Über die Gestalt des Teufels läßt sich in der Tat nichts Genaues angeben. Die einen behaupten, wie ich schon erwähnt, er habe gar keine bestimmte Gestalt und könne sich in jeder beliebigen Form produzieren. 346 Dieses ist wahrscheinlich. Finde ich doch in der »Dämonomagie« von Horst, daß der Teufel sich sogar zu Salat machen könne. Eine sonst ehrbare Nonne, die aber ihre Ordensregeln nicht genau befolgte und sich nicht oft genug mit dem heiligen Kreuze bezeichnete, aß einmal Salat. Kaum hatte sie ihn gegessen, als sie Regungen empfand, die ihr sonst fremd waren und sich keineswegs mit ihrem Stande vertrugen. Es wurde ihr jetzt gar sonderbar zumute des Abends, im Mondschein, wenn die Blumen so stark dufteten und die Nachtigallen so schmelzend und schluchzend sangen. Bald darauf machte ein angenehmer Junggeselle mit ihr Bekanntschaft. Nachdem beide miteinander vertrauter geworden, fragte sie der schöne Jüngling einmal: »Weißt du denn auch, wer ich bin?« – »Nein«, sagte die Nonne mit einiger Bestürzung. »Ich bin der Teufel«, erwiderte jener. »Erinnerst du dich nicht jenes Salates? Der Salat, das war ich!«

Manche behaupten, der Teufel sehe immer wie ein Tier aus und es sei nur eitel Täuschung, wenn wir ihn in einer anderen Gestalt erblicken. Etwas Zynisches hat der Teufel freilich, und diesen Charakterzug hat niemand besser beleuchtet wie unser Dichter Wolfgang Goethe. Ein anderer deutscher Schriftsteller, der in seinen Mängeln ebenso großartig ist wie in seinen Vorzügen, jedenfalls aber zu den Dichtern ersten Ranges gezählt werden muß, Herr Grabbe, hat den Teufel in jener Beziehung ebenfalls vortrefflich gezeichnet. Auch die Kälte in der Natur des Teufels hat er ganz richtig begriffen. In einem Drama dieses genialen Schriftstellers erscheint der Teufel auf Erden, weil seine Mutter in der Hölle schruppt; letzteres ist eine bei uns gebräuchliche Art, die Zimmer zu reinigen, wobei das Estrich mit heißem Wasser übergossen und mit einem groben Tuche gerieben wird, so daß ein quiekender Mißton und lauwarmer Dampf entsteht, der es einem vernünftigen Wesen unmöglich macht, unterdessen zu Hause zu bleiben. Der Teufel muß deshalb aus der wohlgeheizten Hölle sich in die kalte Oberwelt hinaufflüchten, und hier, obgleich es ein heißer Juliustag ist, empfindet der arme Teufel dennoch einen so großen Frost, daß er fast erfriert und nur mit ärztlicher Hülfe aus dieser Erstarrung gerettet wird.

Wir sahen eben, daß der Teufel eine Mutter hat; viele behaupten, er habe eigentlich nur eine Großmutter. Auch diese kommt zuweilen zur Oberwelt, und auf sie bezieht sich vielleicht das Sprüchwort: »Wo der Teufel selbst nichts ausrichten kann, da schickt er ein altes Weib.« Gewöhnlich aber ist sie in der Hölle mit der Küche beschäftigt oder sitzt in ihrem roten Lehnsessel, und wenn der Teufel des Abends, müde von den Tagesgeschäften, nach Hause kommt, frißt er in schlingender Hast, was ihm die Mutter gekocht hat, und dann legt er seinen Kopf in ihren Schoß und läßt sich von ihr lausen und schläft ein. Die Alte pflegt ihm auch wohl dabei ein Lied vorzuschnurren, welches mit folgenden Worten beginnt:

Im Thume, im Thume,
Da steht eine Rosenblume,
Rose rot wie Blut.

*

Es ist eine eigne Sache um die Schriftstellerei. Der eine hat Glück in der Ausübung derselben, der andre hat Unglück. Das schlimmste Mißgeschick trifft vielleicht meinen armen Freund Heinrich Kitzler, Magister artium zu Göttingen. Keiner dort ist so gelehrt, keiner so ideenreich, keiner so fleißig wie dieser Freund, und dennoch ist bis auf dieser Stunde noch kein Buch von ihm auf der Leipziger Messe zum Vorschein gekommen. Der alte Stiefel auf der Bibliothek lächelte immer, wenn Heinrich Kitzler ihn um ein Buch bat, dessen er sehr bedürftig sei für ein Werk, welches er eben unter der Feder habe. »Es wird noch lange unter der Feder bleiben!« murmelte dann der alte Stiefel, während er die Bücherleiter hinaufstieg. Sogar die Köchinnen lächelten, wenn sie auf der Bibliothek die Bücher abholten: »für den Kitzler«. Der Mann galt allgemein für einen Esel, und im Grunde war er nur ein ehrlicher

Mann. Keiner kannte die wahre Ursache, warum nie ein Buch von ihm
herauskam, und nur durch Zufall entdeckte ich sie, als ich ihn einst
um Mitternacht besuchte, um mein Licht bei ihm anzuzünden; denn
er war mein Stubennachbar. Er hatte eben sein großes Werk über die
Vortrefflichkeit des Christentums vollendet; aber er schien sich darob
keineswegs zu freuen und betrachtete mit Wehmut sein Manuskript.
»Nun wird dein Name doch endlich«, sprach ich zu ihm, »im Leipziger
Meßkatalog unter den fertig gewordenen Büchern prangen!« – »Ach
nein«, seufzte er aus tiefster Brust, »auch dieses Werk werde ich ins
Feuer werfen müssen, wie die vorigen ...« Und nun vertraute er mir
sein schreckliches Geheimnis. Den armen Magister traf wirklich das
schlimmste Mißgeschick, jedesmal wenn er ein Buch schrieb. Nachdem
er nämlich für das Thema, das er beweisen wollte, alle seine Gründe
entwickelt, glaubte er sich verpflichtet, die Einwürfe, die etwa ein Gegner
anführen könnte, ebenfalls mitzuteilen; er ergrübelte alsdann vom ent-
gegengesetzten Standpunkte aus die scharfsinnigsten Argumente, und
indem diese unbewußt in seinem Gemüte Wurzel faßten, geschah es
immer, daß, wenn das Buch fertig war, die Meinungen des armen
Verfassers sich allmählich umgewandelt hatten und eine dem Buche
ganz entgegengesetzte Überzeugung in seinem Geiste erwachte. Er war
alsdann auch ehrlich genug (wie ein französischer Schriftsteller ebenfalls
handeln würde), den Lorbeer des literarischen Ruhmes auf dem Altare
der Wahrheit zu opfern, d.h. sein Manuskript ins Feuer zu werfen.
Darum seufzte er aus so tiefster Brust, als er die Vortrefflichkeit des
Christentums bewiesen hatte. »Da habe ich nun«, sprach er traurig,
»zwanzig Körbe Kirchenväter exzerpiert; da habe ich nun ganze Nächte
am Studiertische gehockt und Acta Sanctorum gelesen, während auf
deiner Stube Punsch getrunken und der Landesvater gesungen wurde;
da habe ich nun für theologische Novitäten, deren ich zu meinem
Werke bedurfte, achtunddreißig sauer erworbene Taler an Vandenhoeck
et Ruprecht bezahlt, statt mir für das Geld einen Pfeifenkopf zu kaufen;
da habe ich nun gearbeitet wie ein Hund seit zwei Jahren, zwei kostbaren Lebensjahren ... und alles, um mich lächerlich zu machen, um wie
ein ertappter Prahler die Augen niederzuschlagen, wenn die Frau Kir-
chenrätin Planck mich fragt: ›Wann wird Ihre Vortrefflichkeit des
Christentums herauskommen?‹ Ach! das Buch ist fertig«, fuhr der arme
Mann fort, »und würde auch dem Publikum gefallen; denn ich habe

den Sieg des Christentums über das Heidentum darin verherrlicht, und ich habe bewiesen, daß dadurch auch die Wahrheit und die Vernunft über Heuchelei und Wahnsinn gesiegt. Aber, ich Unglückseligster, in tiefster Brust fühle ich, daß – – –«

»Sprich nicht weiter!« rief ich mit gerechter Entrüstung, »wage nicht, Verblendeter, das Erhabene zu schwärzen und das Glänzende in den Staub zu ziehn! Wenn du auch die Wunder des Evangeliums leugnen möchtest, so kannst du doch nicht leugnen, daß der Sieg des Evangeliums selber ein Wunder war. Eine kleine Schar wehrloser Menschen drang in die große Römerwelt, trotzte ihren Schergen und Weisen und triumphierte durch das bloße Wort. Aber welch ein Wort! Das morsche Heidentum erbebte und krachte bei dem Worte dieser fremden Männer und Frauen, die ein neues Himmelreich ankündigten und nichts fürchteten auf der alten Erde, nicht die Tatzen der wilden Tiere, nicht den Grimm der noch wilderen Menschen, nicht das Schwert, nicht die Flamme ... denn sie selber waren Schwert und Flamme, Flamme und Schwert Gottes! Dieses Schwert hat das welke Laub und dürre Reisig abgeschlagen von dem Baume des Lebens und dadurch geheilt von der einfressenden Fäulnis; diese Flamme hat den erstarrten Stamm wieder von innen erwärmt, daß frisches Laub und duftige Blüten hervorsproßten ... es ist die schauerlich erhabenste Erscheinung der Weltgeschichte, dieses erste Auftreten des Christentums, sein Kampf und sein vollkommener Sieg.«

Ich sprach diese Worte mit desto würdigerem Ausdruck, da ich an jenem Abend sehr viel Eimbecker Bier zu mir genommen hatte und meine Stimme desto volltönender erscholl.

Heinrich Kitzler ließ sich aber dadurch keineswegs verblüffen, und mit einem ironisch schmerzlichen Lächeln sprach er: »Bruderherz! gib dir keine überflüssige Mühe. Alles, was du jetzt sagst, habe ich selber, in diesem Manuskripte, weit besser und weit gründlicher auseinandergesetzt. Hier habe ich den verworfenen Weltzustand zur Zeit des Heidentums aufs grellste ausgemalt, und ich darf mir schmeicheln, daß meine kühnen Pinselstriche an die Werke der besten Kirchenväter erinnern. Ich habe gezeigt, wie lasterhaft die Griechen und Römer geworden, durch das böse Beispiel jener Götter, welche, nach den Schandtaten, die man ihnen nachsagte, kaum würdig gewesen wären, für Menschen zu gelten. Ich habe unumwunden ausgesprochen, daß sogar Jupiter, der oberste der Götter, nach dem königl. hannövrischen Kriminalrechte, hundertmal das Zuchthaus, wo nicht gar den Galgen, verdient hätte. Dagegen habe ich die Moralsprüche, die im Evangelium vorkommen, gehörig paraphrasiert und gezeigt, wie, nach dem Muster ihres göttlichen Vorbilds, die ersten Christen, trotz der Verachtung und Verfolgung, welche sie dafür erduldeten, nur die schönste Sittenreinheit gelehrt und ausgeübt haben. Das ist die schönste Partie meines Werks, wo ich begeisterungsvoll schildere, wie das junge Christentum, der kleine David, mit dem alten Heidentum in die Schranken tritt und diesen großen Goliath tötet. Aber ach! dieser Zweikampf erscheint mir seitdem in einem sonderbaren Lichte – – – Ach! alle Lust und Liebe für meine Apologie versiegte mir in der Brust, als ich mir lebhaft ausdachte, wie etwa ein Gegner den Triumph des Evangeliums schildern könnte. Zu meinem Unglück fielen mir einige neuere Schriftsteller, z.B. Edward Gibbon, in die Hände, die sich eben nicht besonders günstig über jenen Sieg aussprachen und nicht sehr davon erbaut schienen, daß die Christen, wo das geistige Schwert und die geistige Flamme nicht hinreichten, zu dem weltlichen Schwert und der weltlichen Flamme ihre Zuflucht nahmen. Ja, ich muß gestehen, daß mich endlich für die Reste des Heidentums, jene schönen Tempel und Statuen, ein schauerliches Mitleid anwandelte; denn sie gehörten nicht mehr der Religion, die schon lange, lange vor Christi Geburt, tot war, sondern sie gehörten der Kunst, die da ewig lebt. Es trat mir einst feucht in die Augen, als ich zufällig auf der Bibliothek ›Die Schutzrede für die Tempel‹ las, worin der alte Grieche Libanius die frommen Barbaren aufs schmerzlichste beschwor, jene teuren Meisterwerke zu schonen, womit der bildende Geist der Hellenen die Welt verziert hatte. Aber vergebens! Jene Denkmäler einer Frühlingsperiode der Menschheit, die nie wiederkehren wird und die nur einmal hervorblühen konnte, gingen unwiederbringlich zugrunde, durch den schwarzen Zerstörungseifer der Christen – – –«

»Nein«, fuhr der Magister fort in seiner Rede, »ich will nicht nachträglich, durch Herausgabe dieses Buches, teilnehmen an solchem Frevel, nein, das will ich nimmermehr ... Und euch, ihr zerschlagenen Statuen der Schönheit, euch, ihr Manen der toten Götter, euch, die ihr nur noch liebliche Traumbilder seid im Schattenreiche der Poesie, euch opfere ich dieses Buch!«

Bei diesen Worten warf Heinrich Kitzler sein Manuskript in die Flammen des Kamines, und von der Vortrefflichkeit des Christentums blieb nichts übrig als graue Asche. –

Dieses geschah zu Göttingen im Winter 1820, einige Tage vor jener verhängnisvollen Neujahrsnacht, wo der Pedell Doris die fürchterlichsten Prügel bekommen und zwischen der Burschenschaft und den Landsmannschaften fünfundachtzig Duelle kontrahiert wurden. Es waren fürchterliche Prügel, die damals, wie ein hölzerner Platzregen, auf den breiten Rücken des armen Pedells herabfielen. Aber als guter Christ tröstete er sich mit der Überzeugung, daß wir dort oben im Himmel einst entschädigt werden für die Schmerzen, die wir unverdienterweise hienieden erduldet haben. Das ist nun lange her. Der alte Doris hat längst ausgeduldet und schlummert in seiner friedlichen Ruhestätte vor dem Weender Tore. Die zwei großen Parteien, die einst die Walplätze von Bovden, Ritschenkrug und Rasenmühle mit dem Schwertergeklirr ihrer Polemik erfüllten, haben längst, im Gefühl ihrer gemeinschaftlichen Nichtigkeit, aufs zärtlichste Brüderschaft getrunken, und auf den Schreiber dieser Blätter hat ebenfalls das Gesetz der Zeit seinen mächtigen Einfluß geübt. In meinem Hirne gaukeln minder heitere Farben als damals, und mein Herz ist schwerer geworden; wo ich einst lachte, weine ich jetzt, und ich verbrenne mit Unmut die Altarbilder meiner ehemaligen Andacht.

Es gab eine Zeit, wo ich jedem Kapuziner, dem ich auf der Straße begegnete, gläubig die Hand küßte. Ich war ein Kind, und mein Vater ließ mich ruhig gewähren, wohl wissend, daß meine Lippen sich nicht immer mit Kapuzinerfleisch begnügen würden. Und in der Tat, ich wurde größer und küßte schöne Frauen … Aber sie sahen mich manchmal an mit so bleichem Schmerze, und ich erschrak in den Armen der Freude … Hier war ein Unglück verborgen, das niemand sah und woran jeder litt; und ich dachte drüber nach. Ich habe auch drüber nachgedacht, ob Entbehrung und Entsagung wirklich allen Genüssen dieser Erde vorzuziehen sei und ob diejenigen, die hienieden sich mit Disteln begnügt haben, dort oben desto reichlicher mit Ananassen gespeist werden. Nein, wer Disteln gegessen, war ein Esel; und wer die Prügel bekommen hat, der behält sie. Armer Doris!

Doch es ist mir nicht erlaubt, mit bestimmten Worten hier von allen den Dingen zu reden, worüber ich nachgedacht, und noch weniger ist es mir erlaubt, die Resultate meines Nachdenkens mitzuteilen. Werde ich mit verschlossenen Lippen ins Grab hinabsteigen müssen, wie so manche andere?

Nur einige banale Tatsachen sind mir vielleicht vergönnt hier anzuführen, um den Fabeleien, die ich kompiliere, einige Vernünftigkeit oder wenigstens den Schein derselben einzuweben. Jene Tatsachen beziehen sich nämlich auf den Sieg des Christentums über das Heidentum. Ich bin gar nicht der Meinung meines Freundes Kitzler, daß die Bilderstürmerei der ersten Christen so bitter zu tadeln sei; sie konnten und durften die alten Tempel und Statuen nicht schonen, denn in diesen lebte noch jene alte griechische Heiterkeit, jene Lebenslust, die dem Christen als Teufeltum erschien. In diesen Statuen und Tempeln sah der Christ nicht bloß die Gegenstände eines fremden Kultus, eines nichtigen Irrglaubens, dem alle Realität fehle, sondern diese Tempel hielt er für die Burgen wirklicher Dämonen, und den Göttern, die diese Statuen darstellten, verlieh er eine unbestrittene Existenz; sie waren nämlich lauter Teufel. Wenn die ersten Christen sich weigerten, vor den Bildsäulen der Götter zu knien und zu opfern, und deshalb angeklagt und vor Gericht geschleppt wurden, antworteten sie immer: sie dürften keine Dämonen anbeten! Sie erduldeten lieber das Martyrtum, als daß sie vor dem Teufel Jupiter oder vor der Teufelin Diana oder gar vor der Erzteufelin Venus irgendeinen Akt der Verehrung vollzogen.

Arme griechische Philosophen! Sie konnten diesen Widerspruch niemals begreifen, wie sie auch späterhin niemals begriffen, daß sie in ihrer Polemik mit den Christen keineswegs die alte erstorbene Glaubenslehre, sondern weit lebendigere Dinge zu verteidigen hatten. Es galt nämlich nicht, die tiefere Bedeutung der Mythologie durch neoplatonische Spitzfindigkeiten zu beweisen, den erstorbenen Göttern ein neues symbolisches Lebensblut zu infusieren und sich mit den plumpen, materiellen Einwürfen der ersten Kirchenväter, die besonders über den moralischen Charakter der Götter fast voltairisch spotteten, tagtäglich abzuquälen: es galt vielmehr, den Hellenismus selbst, griechische Gefühls- und Denkweise, zu verteidigen und der Ausbreitung des Judäismus, der judäischen Gefühls- und Denkweise, entgegenzuwirken. Die Frage war, ob der trübsinnige, magere, sinnenfeindliche, übergeistige Judäismus der Nazarener oder ob hellenische Heiterkeit, Schönheitsliebe und blühende Lebenslust in der Welt herrschen solle. Jene schönen

Götter waren nicht die Hauptsache; niemand glaubte mehr an die ambrosiaduftenden Bewohner des Olymps, aber man amüsierte sich göttlich in ihren Tempeln, bei ihren Festspielen, Mysterien; da schmückte man das Haupt mit Blumen, da gab es feierlich holde Tänze, da lagerte man sich zu freudigen Mahlen ... wo nicht gar zu noch süßeren Genüssen.

All diese Lust, all dieses frohe Gelächter ist längst verschollen, und in den Ruinen der alten Tempel wohnen, nach der Meinung des Volkes, noch immer die altgriechischen Gottheiten, aber sie haben durch den Sieg Christi all ihre Macht verloren, sie sind arge Teufel, die sich am Tage, unter Eulen und Kröten, in den dunkeln Trümmern ihrer ehemaligen Herrlichkeit versteckt halten, des Nachts aber in liebreizender Gestalt emporsteigen, um irgendeinen arglosen Wandrer oder verwegenen Gesellen zu betören und zu verlocken.

Auf diesen Volksglauben beziehen sich nun die wunderbarsten Sagen, und neuere Poeten schöpften hier die Motive ihrer schönsten Dichtungen. Der Schauplatz ist gewöhnlich Italien und der Held derselben irgendein deutscher Ritter, der wegen seiner jungen Unerfahrenheit oder auch seiner schlanken Gestalt wegen von den schönen Unholden mit besonders lieblichen Listen umgarnt wird. Da geht er nun, an schönen Herbsttagen, mit seinen einsamen Träumen spazieren, denkt vielleicht an die heimischen Eichenwälder und an das blonde Mädchen, das er dort gelassen, der leichte Fant! Aber plötzlich steht er vor einer marmornen Bildsäule, bei deren Anblick er fast betroffen stehenbleibt. Es ist vielleicht die Göttin der Schönheit, und er steht ihr Angesicht zu Angesicht gegenüber, und das Herz des jungen Barbaren wird heimlich ergriffen von dem alten Zauber. Was ist das? So schlanke Glieder hat er noch nie gesehen, und in diesem Marmor ahndet er ein lebendigeres Leben, als er jemals in den roten Wangen und Lippen, in der ganzen Fleischlichkeit seiner Landsmänninnen gefunden hat. Diese weißen Augen sehen ihn so wollüstig an, und doch zugleich so schauerlich schmerzvoll, daß seine Brust erfüllt wird von Liebe und Mitleid, Mitleid und Liebe. Er geht nun öfter spazieren unter den alten Ruinen, und die Landsmannschaft ist verwundert, daß man ihn fast gar nicht mehr sieht bei Trinkgelagen und Waffenspielen. Es gehen kuriose Gerüchte über sein Treiben unter den Trümmern des Heidentums. Aber eines Morgens stürzt er, mit bleichem verzerrten Antlitz, in die Herberge, berichtet die Zehrung, schnürt seinen Ranzen und eilt zurück über die Alpen. Was ist ihm begegnet?

Es heißt, daß er eines Tages später als gewöhnlich, als schon die 355 Sonne unterging, nach seinen geliebten Ruinen wanderte, aber, ob der einbrechenden Finsternis, jenen Ort nicht finden konnte, wo er die Bildsäule der schönen Göttin stundenlang zu betrachten pflegte. Nach langem Umherirren, als es schon Mitternacht sein mochte, befand er sich plötzlich vor einer Villa, die er in dortiger Gegend früherhin nie gesehen hatte, und er war nicht wenig verwundert, als Bediente mit Fackeln heraustraten und ihn im Namen ihrer Gebieterin einluden, dort zu übernachten. Wie groß aber war sein Erstaunen, als er, in einen weiten, erleuchteten Saal tretend, eine Dame erblickte, die dort ganz allein auf und nieder wandelte und an Gestalt und Gesichtszügen mit der schönen Statue seiner Liebe die auffallendste Ähnlichkeit hatte. Ja, sie glich jenem Marmorbild um so mehr, da sie ganz in blendend weißem Musselin gekleidet ging und ihr Antlitz außerordentlich bleich war. Als der Ritter, mit sittigem Verneigen, ihr entgegentrat, betrachtete sie ihn lange ernst und schweigend und fragte ihn endlich lächelnd, ob er hungrig sei. Obgleich nun dem Ritter das Herz in der Brust bebte, so hatte er doch einen deutschen Magen, infolge des stundenlangen Umherirrens sehnte er sich wirklich nach einer Atzung, und er ließ sich gern von der schönen Dame nach dem Speisesaal führen. Sie nahm ihn freundlich bei der Hand, und er folgte ihr durch hohe, hallende Gemächer, die, trotz aller Pracht, eine unheimliche Öde verrieten. Die Girandolen warfen ein so gespenstisch fahles Licht auf die Wände, deren bunte Fresken allerlei heidnische Liebesgeschichten, z.B. Paris und Helena, Diana und Endymion, Kalypso und Ulysses, darstellten. Die großen, abenteuerlichen Blumen, die in Marmorvasen längs den Fenstergeländern standen, waren von so beängstigend üppigen Bildungen und dufteten so leichenhaft, so betäubend. Dabei seufzte der Wind in den Kaminen wie ein leidender Mensch. Im Speisesaale setzte sich endlich die schöne Dame dem Ritter gegenüber, kredenzte ihm den Wein und reichte ihm lächelnd die besten Bissen. Mancherlei bei diesem Abendmahle mochte dem Ritter wohl befremdlich dünken. Als er um Salz bat, dessen auf dem Tische fehlte, zuckte ein fast häßlicher Unmut über 356 das weiße Angesicht der schönen Frau, und erst nach wiederholtem Verlangen ließ sie endlich, mit sichtbarer Verdrießlichkeit, von den

Dienern das Salzfaß herbeiholen. Diese stellten es mit zitternden Händen auf den Tisch und verschütteten schier die Hälfte des Inhalts. Doch der gute Wein, der wie Feuer in die Kehle des Ritters hinabglühte, beschwichtigte das geheime Grauen, das ihn manchmal anwandelte; ja, er wurde allmählich zutraulich und lüsternen Mutes, und als ihn die schöne Dame frug, ob er wisse, was Liebe sei, da antwortete er ihr mit flammenden Küssen. Trunken von Liebe, vielleicht auch von süßem Wein, entschlief er bald an der Brust seiner zärtlichen Wirtin. Doch wüste Träume schwirrten ihm durch den Sinn; grelle Nachtgesichte, wie sie uns im wahnwitzigen Halbschlafe eines Nervenfiebers zu beschleichen pflegen. Manchmal glaubte er seine alte Großmutter zu sehen, die daheim auf dem roten Lehnsessel saß und mit hastig bewegten Lippen betete. Manchmal hörte er ein höhnisches Kichern, und das kam von den großen Fledermäusen, die, mit Fackeln in den Krallen, um ihn her flatterten; als er sie genauer betrachtete, wollte es ihm jedoch dünken, es seien die Bedienten, die ihm bei Tische aufgewartet hatten. Zuletzt träumte ihm, seine schöne Wirtin habe sich plötzlich in ein häßliches Ungetüm verwandelt, und er selber, in rascher Todesangst, habe zu seinem Schwerte gegriffen und ihr damit das Haupt vom Rumpfe abgeschlagen. – Erst spätmorgens, als die Sonne schon hoch am Himmel stand, erwachte der Ritter aus seinem Schlafe. Aber statt in der prächtigen Villa, worin er übernachtet zu haben vermeinte, befand er sich inmitten der wohlbekannten Ruinen, und mit Entsetzen sah er, daß die schöne Bildsäule, die er so sehr liebte, von ihrem Postamente heruntergefallen war und ihr abgebrochenes Haupt zu seinen Füßen lag.

Einen ähnlichen Charakter trägt die Sage von dem jungen Ritter, der, als er einst, in einer Villa bei Rom, mit einigen Freunden Ball schlug, seinen Ring, der ihm bei diesem Spiele hinderlich wurde, von seiner Hand abzog und, damit er nicht verlorengehe, an den Finger eines Marmorbildes steckte. Als aber der Ritter, nachdem das Spiel beendigt war, zu der Statue, die eine heidnische Göttin vorstellte, zurückkehrte, sah er mit Schrecken, daß das marmorne Weib den Finger, woran er seinen Ring gesteckt hatte, nicht mehr grade wie vorher, sondern ganz eingebogen hielt, so daß ihm unmöglich war, den Ring wieder von ihrem Finger abzuziehen, ohne ihr die Hand zu zerbrechen, welches ihm doch ein seltsames Mitgefühl nicht erlaubte. Er ging zu seinen Spielgenossen, um ihnen dieses Wunder zu berichten, und lud sie ein, sich mit eignen Augen davon zu überzeugen. Doch als er mit seinen Freunden zurückkehrte, hielt das Marmorbild den Finger wieder grade ausgestreckt wie gewöhnlich, und der Ring war verschwunden.

Einige Zeit nach jenem Ereignis beschloß der Ritter, in den heiligen Ehestand zu treten, und er feierte seine Hochzeit. Doch in der Brautnacht, als er eben zu Bette gehen wollte, trat zu ihm ein Weibsbild, welches der oberwähnten Statue ganz ähnlich war an Gestalt und Antlitz, und sie behauptete: dadurch, daß er seinen Ring an ihren Finger gesteckt, habe er sich ihr angelobt, und er gehöre ihr als rechtmäßiger Gemahl. Vergebens sträubte sich der Ritter gegen diesen Einspruch; jedesmal, wenn er sich seiner Anvermählten nahen wollte, trat das heidnische Weibsbild zwischen ihm und ihr, so daß er in jener Nacht auf alle Bräutigamsfreuden verzichten mußte. Dasselbe geschah in der zweiten Nacht sowie auch in der dritten, und der Ritter ward sehr trübsinnig gesinnt. Keiner wußte ihm zu helfen, und selbst die frömmsten Leute zuckten die Achsel. Endlich aber hörte er von einem Priester namens Palumnus, der sich gegen heidnischen Satansspuk schon öfter sehr hülfsam erwiesen. Dieser ließ sich lange erbitten, ehe er dem Ritter seinen Beistand versprach; er müsse dadurch, behauptete er, sich selber den größten Gefahren aussetzen. Der Priester Palumnus schrieb alsdann einige sonderbare Charaktere auf ein kleines Stück Pergament und gab dem Ritter folgende Weisung: er solle sich um Mitternacht in der Gegend von Rom an einen gewissen Kreuzweg stellen; dort würden ihm allerlei wunderbare Erscheinungen vorüberziehen; doch möge er sich von allem, was er höre und sähe, nicht im mindesten verschüchtern lassen, er müsse ruhig verharren; nur wenn er das Weibsbild erblicke, an deren Finger er seinen Ring gesteckt, solle er hinzutreten und ihr das beschriebene Stück Pergament überreichen. Dieser Vorschrift unterzog sich der Ritter; aber nicht ohne Herzklopfen stand er um Mitternacht am bezeichneten Kreuzwege, wo er den seltsamen Zug vorüberziehen sah. Es waren blasse Männer und Frauen, prächtig gekleidet in Festgewanden aus der Heidenzeit; einige trugen goldene Kronen, andere trugen Lorbeerkränze auf den Häuptern, die sie aber kummervoll senkten; auch allerlei silberne Gefäße, Trinkgeschirre und Gerätschaften, die zum alten Tempeldienste gehörten, wurden vorübergetragen, mit ängstlicher Eile; im Gewühle zeigten sich auch große Stiere mit vergoldeten Hörnern und behängt mit Blumengirlanden; endlich, auf einem erhabenen Triumphwagen, strahlend in Purpur und mit Rosen bekränzt, erschien ein hohes, wunderschönes Götterweib. Zu dieser trat nun der Ritter heran und überreichte ihr das Pergamentblatt des Priesters Palumnus; denn in ihr erkannte er das Marmorbild, das seinen Ring besaß. Als die Schöne die Zeichen erblickte, womit jenes Pergament beschrieben war, hub sie jammernd die Hände gen Himmel, Tränen stürzten aus ihren Augen, und mit verzweiflungsvoller Gebärde rief sie: »Grausamer Priester Palumnus! Du bist noch immer nicht zufrieden mit dem Leid, das du uns zugefügt hast! Doch deinen Verfolgungen wird bald ein Ziel gesetzt, grausamer Priester Palumnus!« Nach diesen Worten reichte sie dem Ritter seinen Ring, und dieser fand in der folgenden Nacht kein Hindernis mehr, seine Ehe zu vollziehen. Der Priester Palumnus aber starb den dritten Tag nach jenem Ereignis.

Diese Geschichte las ich zuerst in dem »Mons Veneris« von Kornmann. Unlängst fand ich sie auch angeführt in dem absurden Buche über Zauberei von Del Rio, welcher sie aus dem Werke eines Spaniers mitteilt; sie ist wahrscheinlich spanischen Ursprungs. Der Freiherr von Eichendorff, ein neuerer deutscher Schriftsteller, hat sie zu einer schönen Erzählung aufs anmutigste benutzt. Die vorletzte Geschichte hat ebenfalls ein deutscher Schriftsteller, Herr Willibald Alexis, zu einer Novelle bearbeitet, die zu seinen poetisch geistreichsten Produkten gehört.

Das obenerwähnte Werk von Kornmann, »Mons Veneris oder der Venusberg«, ist die wichtigste Quelle für das ganze Thema, welches ich hier behandle. Es ist schon lange her, daß es mir mal zu Augen gekommen, und nur aus früherer Erinnerung kann ich darüber berichten. Aber es schwebt mir noch immer im Gedächtnis, das kleine, etwa dritthalbhundert Seiten enthaltende Büchlein, mit seinen lieblichen alten Lettern; es mag wohl um die Mitte des siebzehnten Jahrhunderts gedruckt sein. Die Lehre von den Elementargeistern ist darin aufs bündigste abgehandelt, und daran schließt der Verfasser seine wunderbaren Mitteilungen über den Venusberg. Eben nach dem Beispiele Kornmanns habe auch ich bei Gelegenheit der Elementargeister von der Transformation der altheidnischen Götter sprechen müssen. Diese sind keine Gespenster, denn, wie ich mehrmals angeführt, sie sind nicht tot; sie sind unerschaffene, unsterbliche Wesen, die nach dem Siege Christi sich zurückziehen mußten in die unterirdische Verborgenheit, wo sie, mit den übrigen Elementargeistern zusammenhausend, ihre dämonische Wirtschaft treiben. Am eigentümlichsten, romantisch wunderbar, klingt im deutschen Volke die Sage von der Göttin Venus die, als ihre Tempel gebrochen wurden, sich in einen geheimen Berg flüchtete, wo sie mit dem heitersten Luftgesindel, mit schönen Wald- und Wassernymphen, auch manchen berühmten Helden, die plötzlich aus der Welt verschwunden, das abenteuerlichste Freudenleben führt. Schon von weitem, wenn du dem Berge nahest, hörst du das vergnügte Lachen und die süßen Zitherklänge, die sich wie eine unsichtbare Kette um dein Herz schlingen und dich hineinziehen in den Berg. Zum Glück, unfern des Eingangs, hält Wache ein alter Ritter, geheißen der getreue Eckhart; er steht gestützt auf seinem großen Schlachtschwert, wie eine Bildsäule, aber sein ehrliches, eisgraues Haupt wackelt beständig, und er warnt dich betrübsam vor den zärtlichen Gefahren, die deiner im Berge harren. Mancher ließ sich noch beizeiten zurückschrecken, mancher hingegen überhörte die meckernde Stimme des alten Warners und stürzte blindlings in den Abgrund der verdammten Lust. Eine Weile lang geht's gut. Aber der Mensch ist nicht immer aufgelegt zum Lachen, er wird manchmal still und ernst und denkt zurück in die Vergangenheit; denn die Vergangenheit ist die eigentliche Heimat seiner Seele, und es erfaßt ihn ein Heimweh nach den Gefühlen, die er einst empfunden hat, und seien es auch Gefühle des Schmerzes. So erging es namentlich dem Tannhäuser, nach dem Berichte eines Liedes, das zu den merkwürdigsten Sprachdenkmalen gehört, die sich im Munde des deutschen Volkes erhalten. Ich las das Lied zuerst in dem erwähnten Werke von Kornmann. Diesem hat es Prätorius fast wörtlich entlehnt, aus dem »Blocksberg« von Prätorius haben es die Sammler des »Wunderhorns« abgedruckt, und erst nach einer vielleicht fehlerhaften Abschrift aus letzterem Buche muß ich das Lied hier mitteilen:

Nun will ich aber heben an,
Vom Tannhäuser wollen wir singen,
Und was er Wunders hat getan,
Mit Frau Venussinnen.

Der Tannhäuser war ein Ritter gut,
Er wollt groß' Wunder schauen;
Da zog er in Frau Venus' Berg,
Zu andern schönen Frauen.

»Herr Tannhäuser, Ihr seid mir lieb,
Daran sollt Ihr gedenken,
Ihr habt mir einen Eid geschworen,
Ihr wollt nicht von mir wanken.«

»Frau Venus, ich hab es nicht getan,
Ich will dem widersprechen,
Denn niemand spricht das mehr als Ihr,
Gott helf' mir zu den Rechten.«

»Herr Tannhäuser, wie saget Ihr mir!
Ihr sollet bei uns bleiben,
Ich geb Euch meiner Gespielen ein',
Zu einem ehelichen Weibe.«

»Nehme ich dann ein ander Weib,
Als ich hab in meinem Sinne,
So muß ich in der Höllenglut
Da ewiglich verbrennen.«

»Du sagst mir viel von der Höllenglut,
Du hast es doch nicht befunden;
Gedenk an meinen roten Mund,
Der lacht zu allen Stunden.«

»Was hilft mir Euer roter Mund,
Er ist mir gar unmehre,
Nun gib mir Urlaub, Frau Venus zart,
Durch aller Frauen Ehre.«

»Herr Tannhäuser, wollt Ihr Urlaub han,
Ich will Euch keinen geben;

Nun bleibet, edler Tannhäuser zart,
Und frischet Euer Leben.«

»Mein Leben ist schon worden krank,
Ich kann nicht länger bleiben,
Gebt mir Urlaub, Fraue zart,
Von Eurem stolzen Leibe.«

362

»Herr Tannhäuser, nicht sprecht also,
Ihr seid nicht wohl bei Sinnen,
Nun laßt uns in die Kammer gehn
Und spielen der heimlichen Minnen.«

»Eure Minne ist mir worden leid;
Ich hab in meinem Sinne,
O Venus, edle Jungfrau zart,
Ihr seid eine Teufelinne.«

»Tannhäuser, ach, wie sprecht Ihr so,
Bestehet Ihr mich zu schelten?
Sollt't Ihr noch länger bei uns sein,
Des Worts müßt Ihr entgelten.

Tannhäuser, wollt Ihr Urlaub han,
Nehmt Urlaub von den Greisen,
Und wo Ihr in dem Land umfahren,
Mein Lob, das sollt Ihr preisen.«

Der Tannhäuser zog wieder aus dem Berg,
In Jammer und in Reuen:
›Ich will gen Rom in die fromme Stadt,
All auf den Papst vertrauen.

Nun fahr ich fröhlich auf die Bahn,
Gott muß es immer walten,
Zu einem Papst, der heißt Urban,
Ob er mich wolle behalten.‹

»Herr Papst, Ihr geistlicher Vater mein,
Ich klag Euch meine Sünde,
Die ich mein Tag begangen hab,
Als ich Euch will verkünden;

Ich bin gewesen ein ganzes Jahr
Bei Venus, einer Frauen,
Nun will ich Beicht' und Buß' empfahn,
Ob ich möcht Gott anschauen.«

Der Papst hat einen Stecken weiß,
Der war von dürrem Zweige:
»Wann dieser Stecken Blätter trägt,
Sind dir deine Sünden verziehen.«

»Sollt ich leben nicht mehr denn ein Jahr,
Ein Jahr auf dieser Erden,
So wollt ich Reu' und Buß' empfahn
Und Gottes Gnad' erwerben.«

Da zog er wieder aus der Stadt,
In Jammer und in Leiden:
»Maria Mutter, reine Magd,
Muß ich mich von dir scheiden,

So zieh ich wieder in den Berg,
Ewiglich und ohne Ende,
Zu Venus, meiner Frauen zart,
Wohin mich Gott will senden.«

»Seid willkommen, Tannhäuser gut,
Ich hab Euch lang' entbehret,
Willkommen seid, mein liebster Herr,
Du Held, mir treu bekehret.«

Darnach wohl auf den dritten Tag,
Der Stecken hub an zu grünen,

Da sandt man Boten in alle Land',
Wohin der Tannhäuser kommen. 364

Da war er wieder in dem Berg,
Darinnen sollt er nun bleiben
So lang' bis an den Jüngsten Tag,
Wo ihn Gott will hinweisen.

Das soll nimmer kein Priester tun,
Dem Menschen Mißtrost geben,
Will er denn Buß' und Reu' empfahn,
Die Sünde sei ihm vergeben.

Ich erinnere mich, als ich zuerst dieses Lied las, in dem erwähnten
Buche von Kornmann, überraschte mich zunächst der Kontrast seiner
Sprache mit der pedantisch verlateinisierten, unerquicklichen Schreibart
des siebzehnten Jahrhunderts, worin das Buch abgefaßt. Es war mir,
als hätte ich in einem dumpfen Bergschacht plötzlich eine große Golda-
der entdeckt, und die stolzeinfachen, urkräftigen Worte strahlten mir
so blank entgegen, daß mein Herz fast geblendet wurde von dem uner-
warteten Glanz. Ich ahnte gleich, aus diesem Liede sprach zu mir eine
wohlbekannte Freudenstimme; ich vernahm darin die Töne jener ver-
ketzerten Nachtigallen, die, während der Passionszeit des Mittelalters,
mit gar schweigsamen Schnäblein sich versteckt halten mußten und
nur zuweilen, wo man sie am wenigsten vermutete, etwa gar hinter einem Klostergitter, einige jauchzende Laute hervorflattern ließen. Kennst
du die Briefe von Heloise an Abälard? Nächst dem Hohenliede des
großen Königs (ich spreche von König Salomo) kenne ich keinen
flammenderen Gesang der Zärtlichkeit als das Zweigespräch zwischen
Frau Venus und dem Tannhäuser. Dieses Lied ist wie eine Schlacht der
Liebe, und es fließt darin das roteste Herzblut.

Das eigentliche Alter des Tannhäuserlieds wäre schwer zu bestimmen.
Es existiert schon in fliegenden Blättern vom ältesten Druck. Ein junger
deutscher Dichter, Herr Bechstein, welcher sich freundlichst in
Deutschland daran erinnerte, daß, als ich ihn in Paris bei meinem
Freunde Wolff sah, jene alten fliegenden Blätter das Thema unserer 365
Unterhaltung bildeten, hat mir dieser Tage eins derselben, betitelt »Das

Lied von dem Danheüser«, zugeschickt. Nur die größere Altertümlichkeit der Sprache hielt mich davon ab, an der Stelle der obigen jüngeren Version diese ältere mitzuteilen. Die ältere enthält viele Abweichungen und trägt, nach meinem Bedünken, einen weit poetischeren Charakter.

Durch Zufall erhielt ich ebenfalls unlängst eine Bearbeitung desselben Liedes, wo kaum der äußere Rahmen der älteren Versionen beibehalten worden, die inneren Motive jedoch aufs sonderbarste verändert sind. In seiner älteren Gestalt ist das Gedicht unstreitig viel schöner, einfacher und großartiger. Nur eine gewisse Wahrheit des Gefühls hat die erwähnte jüngere Version mit demselben gemein, und da ich gewiß das einzige Exemplar besitze, das davon existiert, so will ich auch diese hier mitteilen:

Ihr guten Christen, laßt euch nicht
Von Satans List umgarnen!
Ich sing euch das Tannhäuserlied,
Um eure Seelen zu warnen.

Der edle Tannhäuser, ein Ritter gut,
Wollt Lieb' und Lust gewinnen,
Da zog er in den Venusberg,
Blieb sieben Jahre drinnen.

»Frau Venus, meine schöne Frau,
Leb wohl, mein holdes Leben!
Ich will nicht länger bleiben bei dir,
Du sollst mir Urlaub geben.«

»Tannhäuser, edler Ritter mein,
Hast heut mich nicht geküsset;
Küß mich geschwind, und sage mir:
Was du bei mir vermisset?

Hab ich nicht den allersüßesten Wein
Tagtäglich dir kredenzet?
Und hab ich nicht mit Rosen dir
Tagtäglich das Haupt bekränzet?«

»Frau Venus, meine schöne Frau,
Von süßem Wein und Küssen
Ist meine Seele worden krank;
Ich schmachte nach Bitternissen.

Wir haben zuviel gescherzt und gelacht,
Ich sehne mich nach Tränen,
Und statt mit Rosen möcht ich mein Haupt
Mit spitzigen Dornen krönen.«

»Tannhäuser, edler Ritter mein,
Du willst dich mit mir zanken;
Du hast geschworen vieltausendmal,
Niemals von mir zu wanken.

Komm, laß uns in die Kammer gehn,
Zu spielen der heimlichen Minne;
Mein schöner lilienweißer Leib
Erheitert deine Sinne.«

»Frau Venus, meine schöne Frau,
Dein Reiz wird ewig blühen;
Wie viele einst für dich geglüht,
So werden noch viele glühen.

Doch denk ich der Götter und Helden, die einst
Sich zärtlich daran geweidet,
Dein schöner lilienweißer Leib,
Er wird mir schier verleidet.

Dein schöner lilienweißer Leib
Erfüllt mich fast mit Entsetzen,
Gedenk ich, wie viele werden sich
Noch späterhin dran ergetzen!«

»Tannhäuser, edler Ritter mein,
Das sollst du mir nicht sagen,

Ich wollte lieber, du schlügest mich,
Wie du mich oft geschlagen.

Ich wollte lieber, du schlügest mich,
Als daß du Beleidigung sprächest,
Und mir, undankbar kalter Christ,
Den Stolz im Herzen brächest.

Weil ich dich geliebet gar zu sehr,
Nun hör ich solche Worte –
Leb wohl, ich gebe Urlaub dir,
Ich öffne dir selber die Pforte.«

*

Zu Rom, zu Rom, in der heiligen Stadt,
Da singt es und klingelt und läutet:
Da zieht einher die Prozession,
Der Papst in der Mitte schreitet.

Das ist der fromme Papst Urban,
Er trägt die dreifache Krone,
Er trägt ein rotes Purpurgewand,
Die Schleppe tragen Barone.

»O heil'ger Vater, Papst Urban,
Ich laß dich nicht von der Stelle,
Du hörst zuvor mir Beichte an,
Du rettest mich von der Hölle!«

Das Volk, es weicht im Kreise zurück,
Es schweigen die geistlichen Lieder:
»Wer ist der Pilger bleich und wüst,
Vor dem Papste kniet er nieder?«

»O heil'ger Vater, Papst Urban,
Du kannst ja binden und lösen,

Errette mich von der Höllenqual
Und von der Macht des Bösen.

Ich bin der edle Tannhäuser genannt,
Wollt Lieb' und Lust gewinnen,
Da zog ich in den Venusberg,
Blieb sieben Jahre drinnen.

Frau Venus ist eine schöne Frau,
Liebreizend und anmutreiche;
Die Stimme ist wie Blumenduft,
Wie Blumenduft so weiche.

Wie der Schmetterling flattert um eine Blum',
Den zarten Duft zu nippen,
So flatterte meine Seele stets
Um ihre Rosenlippen.

Ihr edles Gesicht umringeln wild
Die blühend schwarzen Locken;
Schaun dich die großen Augen an,
Wird dir der Atem stocken.

Schaun dich die großen Augen an,
So bist du wie angekettet;
Ich habe nur mit großer Not
Mich aus dem Berg gerettet.

369

Ich hab mich gerettet aus dem Berg,
Doch stets verfolgen die Blicke
Der schönen Frau mich überall,
Sie winken: ›Komm zurücke!‹

Ein armes Gespenst bin ich am Tag,
Des Nachts mein Leben erwachet,
Dann träum ich von meiner schönen Frau,
Sie sitzt bei mir und lachet.

Sie lacht so gesund, so glücklich, so toll,
Und mit so weißen Zähnen!
Wenn ich an dieses Lachen denk,
So weine ich plötzliche Tränen.

Ich liebe sie mit Allgewalt,
Nichts kann die Liebe hemmen!
Das ist wie ein wilder Wasserfall,
Du kannst seine Fluten nicht dämmen!

Er springt von Klippe zu Klippe herab,
Mit lautem Tosen und Schäumen,
Und bräch er tausendmal den Hals,
Er wird im Laufe nicht säumen.

Wenn ich den ganzen Himmel besäß,
Frau Venus schenkt' ich ihn gerne;
Ich gäb ihr die Sonne, ich gäb ihr den Mond,
Ich gäbe ihr sämtliche Sterne.

Ich liebe sie mit Allgewalt,
Mit wildentzügelten Flammen –
Ist das der Hölle Feuer schon,
Und wird mich Gott verdammen?

Oh, heil'ger Vater, Papst Urban,
Du kannst ja binden und lösen!
Errette mich von der Höllenqual
Und von der Macht des Bösen.«

Der Papst hub jammernd die Händ' empor,
Hub jammernd an zu sprechen:
»Tannhäuser, unglücksel'ger Mann,
Der Zauber ist nicht zu brechen.

Der Teufel, den man Venus nennt,
Er ist der schlimmste von allen,

Erretten kann ich dich nimmermehr
Aus seinen schönen Krallen.

Mit deiner Seele mußt du jetzt
Des Fleisches Lust bezahlen,
Du bist verworfen, du bist verdammt
Zu ewigen Höllenqualen.«

*

Der Ritter Tannhäuser, er wandelt so rasch,
Die Füße, die wurden ihm wunde.
Er kam zurück in den Venusberg
Wohl um die Mitternachtstunde.

Frau Venus erwachte aus dem Schlaf,
Ist schnell aus dem Bette gesprungen;
Sie hat mit ihrem weißen Arm
Den geliebten Mann umschlungen.

Aus ihrer Nase rann das Blut,
Den Augen die Tränen entflossen;
Sie hat mit Tränen und Blut das Gesicht
Des geliebten Mannes begossen.

Der Ritter legte sich ins Bett,
Er hat kein Wort gesprochen.
Frau Venus in die Küche ging,
Um ihm eine Suppe zu kochen.

Sie gab ihm Suppe, sie gab ihm Brot,
Sie wusch seine wunden Füße,
Sie kämmte ihm das struppige Haar,
Und lachte dabei so süße.

»Tannhäuser, edler Ritter mein,
Bist lange ausgeblieben,

Sag an, in welchen Landen du dich
So lange herumgetrieben?«

»Frau Venus, meine schöne Frau,
Ich hab in Welschland verweilet;
Ich hatte Geschäfte in Rom und bin
Schnell wieder hierher geeilet.

Auf sieben Hügeln ist Rom gebaut,
Die Tiber tut dorten fließen;
Auch hab ich in Rom den Papst gesehn,
Der Papst, er läßt dich grüßen.

Auf meinem Rückweg sah ich Florenz,
Bin auch durch Mailand gekommen,
Und bin alsdann mit raschem Mut
Die Alpen hinaufgeklommen.

Und als ich auf dem Sankt Gotthard stand,
Da hört ich Deutschland schnarchen;
Es schlief da unten in sanfter Hut
Von sechsunddreißig Monarchen.

In Schwaben besah ich die Dichterschul',
Doch tut's der Mühe nicht lohnen;
Hast du den größten von ihnen besucht,
Gern wirst du die kleinen verschonen.
Hast du den Größten von ihnen besucht,
Gern wirst du die Kleinen verschonen.

Zu Frankfurt kam ich am Schabbes an,
Und aß dort Schalet und Klöße;
Ihr habt die beste Religion,
Auch lieb ich das Gänsegekröse.

In Dresden sah ich einen Hund,
Der einst sehr scharf gebissen,

Doch fallen ihm jetzt die Zähne aus,
Er kann nur bellen und pissen.

Zu Weimar, dem Musenwitwensitz,
Da hört ich viel Klagen erheben,
Man weinte und jammerte: Goethe sei tot,
Und Eckermann sei noch am Leben!

Zu Potsdam vernahm ich ein lautes Geschrei –
›Was gibt es?‹ rief ich verwundert.
›Das ist der Gans in Berlin, der liest
Dort über das letzte Jahrhundert.‹

Zu Göttingen blüht die Wissenschaft,
Doch bringt sie keine Früchte.
Ich kam dort durch in stockfinstrer Nacht,
Sah nirgendswo ein Lichte.

Zu Celle im Zuchthaus sah ich nur
Hannoveraner – O Deutsche!
Uns fehlt ein Nationalzuchthaus
Und eine gemeinsame Peitsche!

373

Zu Hamburg frug ich: warum so sehr
Die Straßen stinken täten?
Doch Juden und Christen versicherten mir,
Das käme von den Fleeten.

Zu Hamburg, in der guten Stadt,
Wohnt mancher schlechte Geselle;
Und als ich auf die Börse kam,
Ich glaubte, ich wär noch in Celle.

Zu Hamburg, in der guten Stadt,
Soll keiner mich wiederschauen!
Ich bleibe jetzt im Venusberg,
Bei meiner schönen Frauen.«

374

Biographie

1797   *13. Dezember:* Heinrich Heine wird in Düsseldorf als ältester Sohn des jüdischen Textilkaufmanns Samson Heine und seiner Ehefrau Elisabeth, geb. van Geldern, geboren.

1807   Heine besucht die Vorbereitungsklasse des Lyzeums.

1810   *April:* Eintritt in das Düsseldorfer Lyzeum.

1814   Heine verlässt das Gymnasium ohne Reifezeugnis und wechselt auf die Handelsschule.

1815   Bei dem Bankier Rindskopf in Frankfurt am Main beginnt Heine eine kaufmännische Lehre.

1816   Heine setzt die Lehre im Bankhaus seines Onkels Salomon Heine in Hamburg fort. Unglückliche Liebe zur Cousine Amalie.

1817   Unter Pseudonym veröffentlicht Heine erste Gedichte in »Hamburgs Wächter«.

1818   Mit Unterstützung des Onkels Salomon gründet Heine das Manufakturwarengeschäft »Harry Heine und Comp.« in Hamburg, in dem er vor allem englische Tuche verkauft.

1819   Heine meldet den Konkurs seines Geschäftes an.
März: Er immatrikuliert sich an der Universität Bonn zum Jurastudium, das von Salomon Heine finanziert wird. Neben juristischen hört er auch philosophische, philologische und historische Vorlesungen, u. a. bei August Wilhelm Schlegel und Ernst Moritz Arndt.

1820   Beginn der Arbeit an der Tragödie »Almansor«.
August: Im »Rheinisch-Westfälischen Anzeiger« erscheint Heines Aufsatz »Die Romantik«.
Oktober: Heine wechselt an die Universität Göttingen. Er beteiligt sich an geheimen burschenschaftlichen Versammlungen. Aus antisemitischen Gründen wird Heine aus der Burschenschaft ausgeschlossen.

1821   *Januar:* Wegen eines Duells erhält Heine für ein halbes Jahr Studienverbot an der Universität Göttingen.
April: Er immatrikuliert sich an der Universität in Berlin, wo er u. a. Vorlesungen bei Georg Wilhelm Friedrich Hegel hört.

Bekanntschaft mit Adelbert von Chamisso und Friedrich de la Motte Fouqué.

Begegnung mit Rahel und Karl August Varnhagen von Ense.

Einige Texte Heines, darunter Fragmente aus »Almansor«, erscheinen in der von Friedrich Wilhelm Gubitz herausgegebenen Zeitschrift »Der Gesellschafter«.

»Gedichte« (vordatiert auf 1822).

1822 Heine wird Mitglied im »Verein für Kultur und Wissenschaft der Juden«.

Reise nach Polen.

Begegnung mit Christian Dietrich Grabbe.

Oktober: Heine besucht Hegel.

1823 Der Bericht »Über Polen« wird im »Gesellschafter« publiziert.

Die Sammlung »Tragödien nebst einem lyrischen Intermezzo« erscheint, sie enthält die Dramen »William Ratcliff« und »Almansor«.

Beginn der Freundschaft mit Karl Leberecht Immermann.

Reise nach Lüneburg, Hamburg, Cuxhaven und Ritzebüttel.

August: »Almansor« wird in Braunschweig uraufgeführt.

1824 *Januar:* Heine immatrikuliert sich erneut an der Universität Göttingen.

Reise nach Berlin.

Er unternimmt eine Fußwanderung durch den Harz, aus der die Reisebeschreibung »Die Harzreise« hervorgeht (erscheint 1826 in »Der Gesellschafter«).

Oktober: Besuch bei Goethe in Weimar.

1825 *Juni:* Heine tritt zum evangelischen Glauben über und wird in Heiligenstadt auf den Namen Christian Johann Heinrich getauft.

Juli: Promotion zum Dr. jur. in Göttingen.

Sommerurlaub in Norderney. Heine siedelt nach Hamburg über und lebt fortan als freier Schriftsteller.

1826 Begegnung mit dem Hamburger Verleger Julius Campe, der künftig Heines Hauptverleger wird.

Der 1. Teil der »Reisebilder« erscheint (»Heimkehr«, »Die Harzreise«, »Die Nordsee, I.«).

1827 Reise nach England.

April: Der 2. Teil der »Reisebilder« erscheint (»Die Nordsee,

II. und III.«, »Xenien« von Immermann, »Ideen. Das Buch Le Grand« und »Briefe aus Berlin«).

Das »Buch der Lieder« (Gedichte) wird Heines publikumswirksamstes Werk und erlebt allein zu seinen Lebzeiten 13 Auflagen.

Reise über Frankfurt am Main, wo er Ludwig Börne trifft, Heidelberg und Stuttgart nach München.

Heine wird Mitherausgeber der »Neuen allgemeinen politischen Annalen«.

Die Absicht, eine Professur für Literaturgeschichte anzutreten, wird vom katholischen Klerus durchkreuzt.

1828 *August – November:* Aufenthalt in Italien: Mailand, Genua, Lucca, Florenz und Venedig.

Dezember: Tod des Vaters in Hamburg.

1829 *Februar:* Heine zieht nach Berlin.

April: Übersiedlung nach Potsdam.

1830 »Reisebilder III«.

Sommerurlaub auf Helgoland.

Heine erhält Nachricht von der Pariser Julirevolution.

Er schreibt die »Briefe aus Helgoland«, in denen er die Vorgänge der Julirevolution reflektiert.

1831 Aufgrund mangelnder Berufsperspektiven in Deutschland entschließt sich Heine zur Übersiedlung nach Paris.

Mai: Ankunft in Paris, wo er als Korrespondent für deutsche Zeitungen und Zeitschriften arbeitet.

1832 Heine nimmt an Versammlungen der Saint-Simonisten teil.

Der Abdruck seiner Artikelserie »Französische Zustände« in der Augsburger »Allgemeinen Zeitung« wird von Metternich nach einigen Folgen unterbunden.

Dezember: Die Buchausgabe »Französische Zustände« erscheint und wird in Preußen verboten.

1833 Heines Aufsatz »État actuel de la littérature en Allemagne. De l'Allemagne depuis Madame de Staël« erscheint in der Pariser Zeitschrift »L'Europe littéraire«.

Der erste von vier unter dem Titel »Salon« veröffentlichten Sammelbänden erscheint; er enthält den Aufsatz »Französische Maler«, den Gedichtzyklus »Verschiedene« und das Erzählfragment »Aus den Memoiren des Herren von Schnabelewopski«.

1834	Begegnung mit Crescence Eugénie Mirat (Mathilde), Heines späterer Lebensgefährtin.
	Heine arbeitet an der Schrift »Zur Geschichte der Religion und Philosophie in Deutschland«, die unter dem Titel »De l'Allemagne depuis Luther« in der Zeitschrift »Revue des deux mondes« erscheint.
1835	Der zweite Band des »Salon«, der vor allem die deutsche Version des Aufsatzes zur Geschichte der Religion »Über Deutschland seit Luther« enthält, erscheint.
	»Die romantische Schule« (überarbeitete Fassung von »État actuel de la littérature en Allemagne«, vordatiert auf 1836).
	Dezember: In Preußen werden sämtliche Schriften Heines verboten.
	10. Dezember: Die Deutsche Bundesversammlung verbietet sämtliche gedruckten wie ungedruckten Schriften des so genannten Jungen Deutschland, an erster Stelle die von Heine sowie die in Heines Hausverlag Hoffmann und Campe in Hamburg erschienenen.
1836	Die Französische Regierung gewährt Heine als politischem Emigranten eine Pension.
	Heine erkrankt an Gelbsucht.
1837	Ernsthafte Augenerkrankung.
	Der dritte Band des »Salon« erscheint, er enthält u. a. die Prosatexte »Florentinische Nächte« und »Elementargeister«.
1838	»Schwabenspiegel«.
	»Shakespeares Mädchen und Frauen«.
1840	»Heinrich Heine über Ludwig Börne«.
	Der vierte Band des »Salon« mit den »Briefen über die französische Bühne« und dem Erzählfragment »Rabbi von Bacherach« sowie Gedichten und Romanzen erscheint.
1841	Begegnung mit Richard Wagner.
	August: Hochzeit mit Mathilde in Saint-Sulpice.
	Nach einer Auseinandersetzung über seine Denkschrift über Börne duelliert sich Heine mit dem Frankfurter Kaufmann Salomon Strauß und wird an der Hüfte verletzt.
	Beginn der Arbeit an dem satirischen Versepos »Atta Troll. Ein Sommernachtstraum«.

1842	Aufenthalt in Boulogne-sur-Mer.
1843	In der »Zeitung für die elegante Welt« erscheinen »Atta Troll. Ein Sommernachtstraum« (Buchausgabe 1847) und das Gedicht »Nachtgedanken«.
	Aufenthalt in Trouville.
	Begegnungen mit Arnold Ruge und Friedrich Hebbel.
	Oktober–November: Heine reist nach Hamburg.
	Nach der Rückkehr lernt er in Paris Karl Marx kennen.
1844	»Deutschland. Ein Wintermärchen«.
	»Neue Gedichte«.
	Bekanntschaft mit Ferdinand Lassalle.
	Mitarbeit an den von Marx und Ruge herausgegebenen »Deutsch-Französischen Jahrbüchern«.
	Juli: Zweiter Hamburg-Aufenthalt mit Mathilde.
	Dezember: Nach dem Tod des Onkels Salomon Heine beginnen Erbschaftsstreitigkeiten innerhalb der Familie. Die Familienpension wird Heine nur unter der Bedingung weiterbezahlt, dass er in seinen Werken keine Familienangehörigen erwähnt.
1845	Zunehmende Verschlechterung des Gesundheitszustands Heines. Er entgeht der für alle Mitarbeiter des »Vorwärts!« verfügten Ausweisung aus Frankreich.
	Sommer: Aufenthalt in Montmorency.
1846	*September:* Besuch von Friedrich Engels in Paris.
1847	»Atta Troll. Ein Sommernachtstraum«.
1848	*Februar:* Heine arbeitet für die Augsburger »Allgemeine Zeitung« als Berichterstatter über die Pariser Februarrevolution.
	Mai: Heine bricht im Louvre zusammen. Es wird eine Erkrankung an Rückenmarkschwindsucht diagnostiziert.
	Krankenlager Heines in der »Matratzengruft« in der Avenue Matignon (bis zum Tod 1856).
1849	Arbeit an den Gedichten der »Romanzero«-Sammlung.
1850	Heine schreibt an seinen »Memoiren«.
1851	»Romanzero« (Gedichte).
	»Der Doktor Faust« (Tanzpoem).
1853	Arbeit an der »Lutetia«, einer Sammlung aus den Berichten für die Augsburger »Allgemeine Zeitung«, und an der Schrift »Die Götter im Exil« (beide 1854 in den »Vermischten Schriften«).

1854   »Vermischte Schriften« (3 Bände).

1855   Besuche seiner Freundin Elise Krinitz (»Mouche«).
        November: Die Geschwister Charlotte und Gustav kommen
        nach Paris.

1856   *17. Februar:* Heine stirbt in Paris und wird drei Tage später
        auf dem Friedhof Montmartre beerdigt.